Katalog deutsche Orden
und Ehrenzeichen

KATALOG

DEUTSCHE ORDEN UND EHRENZEICHEN

1871 bis zur Gegenwart
erstmals mit Bundesrepublik

Die Deutsche Bibliothek – CIP-Einheitsaufnahme

Katalog deutsche Orden und Ehrenzeichen : 1871 bis zur
Gegenwart ; erstmals mit Bundesrepublik / Jörg Nimmergut ;
H. von der Heyde ; K. H. Feder. – 2., durchges. und verb. Aufl.
– Augsburg : Battenberg, 1995
    ISBN 3-89441-296-8
NE: Nimmergut, Jörg; Heyde, Heiko von der; Feder, Klaus H.;
    Deutsche Orden und Ehrenzeichen

BATTENBERG VERLAG
© 1994, 1995 Weltbild Verlag GmbH Augsburg
Alle Rechte vorbehalten
Umschlaggestaltung: Zembsch' Werkstatt, München
Satz: satz-studio gmbh, Bäumenheim
Druck und Binden: Presse-Druck, Augsburg
Printed in Germany
ISBN 3-89441-296-8

Inhalt

Vorwort zur 2. Auflage

Erfreulich ist die Resonanz, die dieser neue Katalog (1871 bis zur Gegenwart, einschließlich der Bundesrepublik Deutschland) bei seinem Erscheinen ausgelöst hat. Anordnung und Übersicht sowie die Bebilderung mit VS und RS entsprechen den Wünschen der Sammler.

Die erstmalige Zusammenstellung der Auszeichnungen der Bundesrepublik Deutschland fand naturgemäß das meiste Interesse. Durch die Mithilfe der Sammler konnten neue Auszeichnungen aufgenommen und die Abbildungen vermehrt werden; für ihre Zuschriften sei allen Katalogbenutzern gedankt.

Die Frage der Bewertung spielte in vielen Stellungnahmen eine Rolle. Da sehr viele Auszeichnungen der Gegenwart direkt von den Herstellern bezogen werden können, wurde auf der Basis ihrer Preisangaben versucht, einen angemessenen Durchschnittspreis zu ermitteln.

Schwierig ist die Preisgestaltung für die Auszeichnungen des 2. Weltkrieges in der Fassung nach dem Ordensgesetz von 1957, für die ein Markt noch nicht vorhanden ist. Die Katalogbewertungen sind in diesem Fall Mittelwerte aus den Preislisten der Hersteller, auch derer, die heute nicht mehr liefern.

Ein Sonderfall sind die Orden und Ehrenzeichen des Landes Hessen, deren Erwerb durch den Sammler von der Staatskanzlei nicht genehmigt wird. Mit Ausnahme der Rettungsmedaille Nr. 1729 bedeutet daher ein Sternchen nicht, daß die Auszeichnung selten ist.

Enthalten sind auch Auszeichnungen, die im Sinne des Ordensrechtes nicht als solche zu betrachten sind, Nr. 1679/1 - 1679/3 und 1801/1802. Da sie von den Ministerpräsidenten der jeweiligen Länder verliehen werden, erschien ihre Aufnahme angezeigt.

Die Zahl der Sammler von DDR-Auszeichnungen nimmt ständig zu. Ihnen soll mit der zweiten, durchgesehenen und verbesserten Auflage eine Hilfe beim Erwerb neuer Stücke gegeben werden. Einige Preise wurden entsprechend der Entwicklung im Handel korrigiert. Dabei zeigte sich, daß die frühen und auch recht seltenen Auszeichnungen der DDR gegenwärtig stark im Preis angezogen haben. Ein Teil der Abbildungen wurden erneuert.

Für Anregungen sowie ergänzendes Text- und Bildmaterial sind die Autoren jederzeit dankbar.

München und Rosenheim, im Mai 1995

Jörg Nimmergut
Klaus H. Feder
Heiko von der Heyde

Vorwort

Der Wunsch nach einem weiterführenden Preiskatalog für Deutsche Orden und Ehrenzeichen ist vielfach an die Autoren herangetragen worden. Der Grund dafür liegt in der Existenz neuer Sammelgebiete, die schon deshalb benötigt werden weil sie, von Ausnahmen abgesehen, kein so extremes Preisgefüge aufweisen, eine ausreichende Warenmenge vorhanden und der Schutz von Kopien zunächst gewährleistet ist.

Um einen historisch sinnvollen Abschnitt der Preisbearbeitung zu schaffen wurden gewählt: Deutsches Reich (1871 bis 1918) – 3. Reich (1933 bis 1945) – ehemalige DDR (1949 bis 1990) und die Bundesrepublik Deutschland (1949 bis jetzt). Der Katalog wird kontinuierlich alle zwei Jahre erscheinen und kann somit die Neustiftungen in den alten und neuen Bundesländern aktuell aufnehmen.

In der ehemaligen DDR gab es 176 staatliche Auszeichnungen, teilweise in mehreren Stufen, die sich in Orden, Preise, Ehrentitel und Medaillen unterteilen lassen. Im Laufe der Jahre kamen zahlreiche Varianten durch unterschiedliche Materialien und Stempelverschiedenheiten hinzu. Das Auszeichnungswesen der ehemaligen DDR unterschied zwischen staatlichen und nichtstaatlichen Auszeichnungen. Staatliche Auszeichnungen wurden gestiftet und verliehen durch:

den Vorsitzenden des Staatsrates der DDR,

den Vorsitzenden des Ministerrates der DDR,

und den Vorsitzenden des Nationalen Verteidigungsrates der DDR.

Nichtstaatliche Auszeichnungen wurden gestiftet und verliehen durch:

die Minister und Leiter anderer zentraler Staatsorgane,

die Vorsitzenden der Räte der Bezirke, Räte der Kreise und Räte der Städte,

die Vorsitzenden und Leiter von Parteien und gesellschaftlichen Organisationen.

In diesen Katalog wurden nur jene Grundtypen staatlicher Auszeichnungen und deren Varianten aufgenommen, die durch Materialbeschaffenheit (z.B. Edelmetall - Buntmetall), durch eine wesentlich veränderte Gestaltung oder durch kurze Verleihungszeiträume Preisunterschiede rechtfertigen. Zu fast allen Auszeichnungen der ehemaligen DDR existieren zahlreiche Varianten, die zwar für den Spezialsammler von Interesse sind, jedoch keine unterschiedliche Preisbewertung rechtfertigen und folglich im Katalog nicht berücksichtigt wurden. Besonderen Wert wurde auf eine umfangreiche

Bebilderung gelegt, die dem Benutzer u. a. das Auffinden gestaltungsähnlicher Auszeichnungen wesentlich erleichtert.
Die Preise für den Abschnitt ehemalige DDR orientieren sich an der tatsächlichen Marktentwicklung seit 1990 und sind frei von spekulativen Verzerrungen, die für die zurückliegenden Jahre ein unschönes Merkmal waren.

Erstmals wurden die Orden und Ehrenzeichen der Bundesrepublik Deutschland bearbeitet. Da die vorliegende Literatur, zumeist am Ordensgesetz sowie an Stiftungs- und Durchführungsverordnungen ausgerichtet, auf die speziellen Interessen der Sammlerschaft nicht einging, wird hiermit eine Lücke geschlossen. Nunmehr ist es möglich Einordnung und Bewertung für das Sammelgebiet Bundesrepublik Deutschland vorzunehmen. Die dabei aufgestellte Systematik zeigt wie umfangreich und differenziert inzwischen das Auszeichnungswesen der Bundesrepublik Deutschland geworden ist. Das wird manchen Sammler überraschen und zur Beschäftigung mit der Materie anregen.
Im Interesse der Vollständigkeit wurden auch die Auszeichnungen des 2. Weltkrieges aufgenommen, die zwar keine originären Stiftungen der Bundesrepublik Deutschland sind aber infolge der Veränderungen, die sie durch das Ordensgesetz von 1957 erfahren haben, einen Teil unseres gegenwärtigen Auszeichnungswesens darstellen.
Abgebildet sind Exemplare von Herstellern, die von den jeweiligen Staatskanzleien oder Ministerien der Länder der Bundesrepublik Deutschland offiziell mit der Herstellung von Orden und Ehrenzeichen beauftragt wurden. Die Preise verstehen sich als Mittelwerte, Liebhaberpreise und Zufallsergebnisse wurden somit ausgeschlossen.
Alle Preise sind in Deutscher Mark angegeben. Extrem seltene Exemplare, einmalige Verleihungen bzw. ein nur einmal erzielter Preis, der nicht als verbindlich gelten kann, sind daher mit einem * gekennzeichnet.
Für Anregungen sowie ergänzendes Text- und Bildmaterial sind die Autoren jederzeit dankbar.

München und Rosenheim, im März 1994

Jörg Nimmergut
Klaus H. Feder
Heiko von der Heyde

Deutsches Reich
1871–1918

Zivile Ehrenzeichen

1   Jerusalem-Kreuz, 1898, emailiert   725,–

Militärische Ehrenzeichen

2   Kriegsdenkmünze 1870/71 für Kämpfer,
Randinschrift »AUS EROBERTEM GESCHÜTZ«
am Band für Kämpfer
gestiftet von Preußen, jedoch an Angehörige
aller Bundesstaaten verliehen   20,–

3 wie vor, aus Stahl
   am Band für Nichtkämpfer 30,–

Gefechtsspangen zur Kriegsdenkmünze 1870/71
gestiftet von Preußen, jedoch an Angehörige
aller Bundesstaaten verliehen

4 SPICHERN/auch SPICHEREN 25,–

5 WÖRTH 40,–

6 COLOMBEY – NOUILLY 45,–

7 VIONVILLE – MARS LA TOUR 30,–

8 GRAVELOTTE – ST. PRIVAT 25,–

9 BEAUMONT 45,–

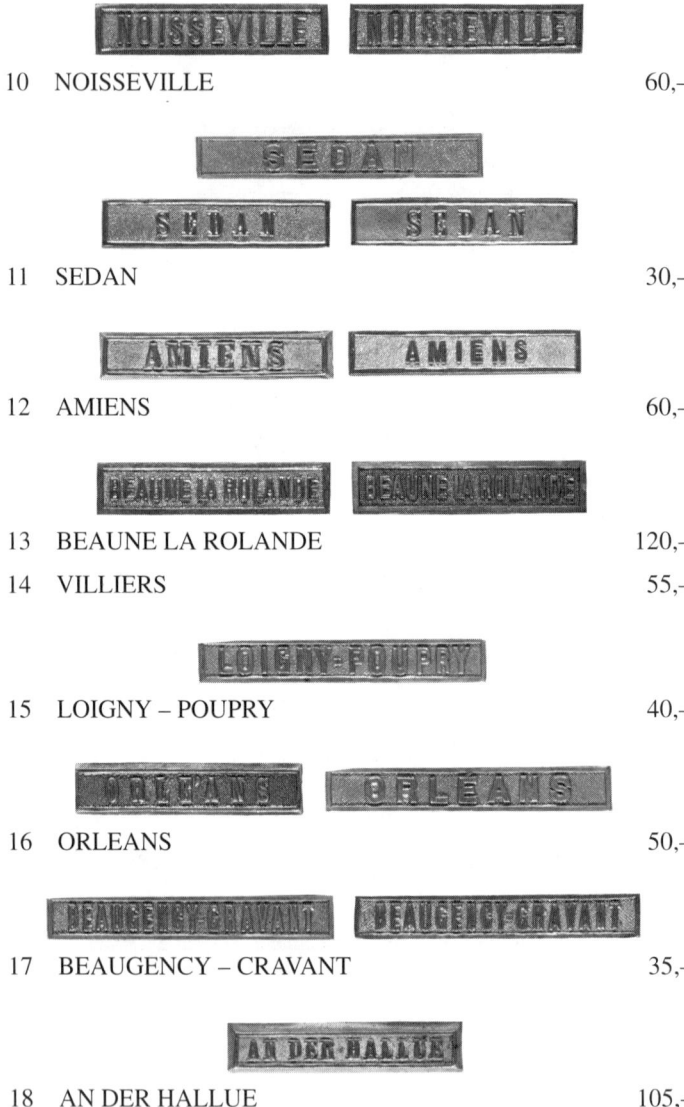

10   NOISSEVILLE   60,–

11   SEDAN   30,–

12   AMIENS   60,–

13   BEAUNE LA ROLANDE   120,–
14   VILLIERS   55,–

15   LOIGNY – POUPRY   40,–

16   ORLEANS   50,–

17   BEAUGENCY – CRAVANT   35,–

18   AN DER HALLUE   105,–

19   BAPAUME   85,–

20   LE MANS   40,–

      AN DER LISAINE/auch A. D. LISAINE   55,–

22   ST. QUENTIN   75,–

23   MONT VALERIEN/auch A. MONT VALERIEN   95,–

24   STRASSBURG   90,–

25   PARIS   30,–

26   BELFORT   50,–

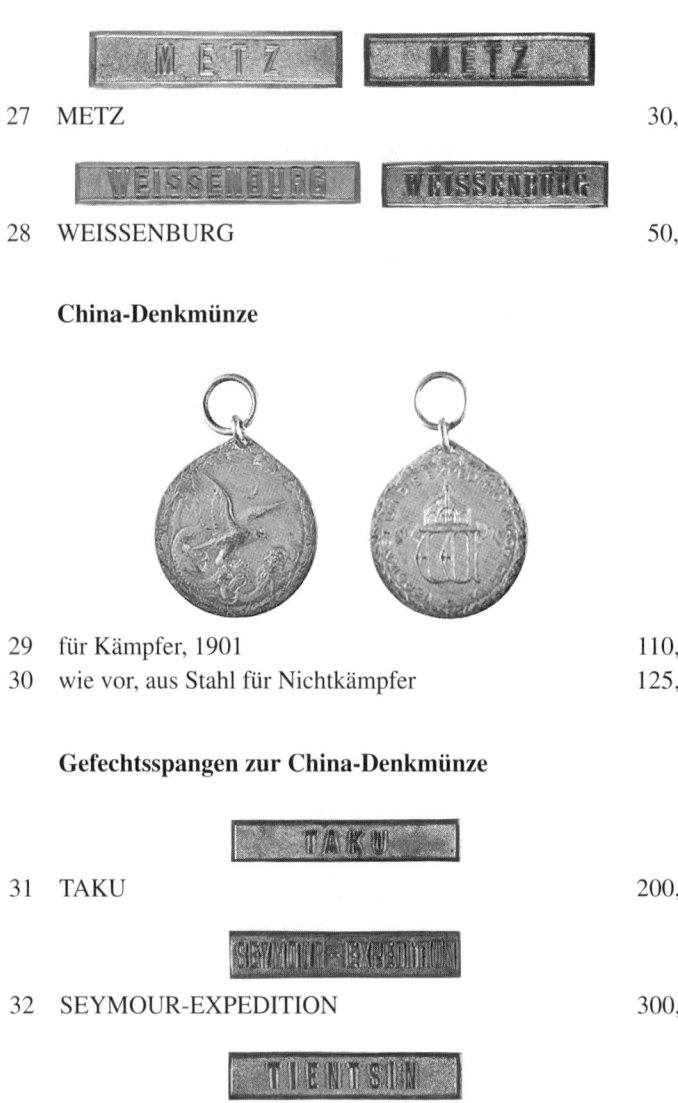

27 METZ   30,–

28 WEISSENBURG   50,–

China-Denkmünze

29 für Kämpfer, 1901   110,–
30 wie vor, aus Stahl für Nichtkämpfer   125,–

Gefechtsspangen zur China-Denkmünze

31 TAKU   200,–

32 SEYMOUR-EXPEDITION   300,–

33 TIENTSIN   210,–

34 PEKING   275,–

35 PEITANG-FORTS   220,–

36 LIANG-HSIANG-HSIEN   170,–
37 KAUMI   300,–

38 TSEKINGWAN   250,–

39 KALGAN   275,–
40 HUOLU   140,–

41 KITCHOU   225,–

| 42 | HOPHU | 235,– |

| 43 | FOUPHING | 200,– |

Südwestafrika-Denkmünze

| 44 | für Kämpfer, 1907 | 100,– |
| 45 | wie vor, aus Stahl für Nichtkämpfer | 125,– |

Gefechtsspangen zur Südwestafrika-Denkmünze

| 46 | HEREROLAND | 120,– |
| 47 | OMARURU | 375,– |

| 48 | OGANJIRA | 210,– |

49   WATERBERG   100,–

50   OMAHEKE   160,–

51   GROSS-NAMALAND   80,–
52   FAHLGRAS   375,–
53   TOASIS   350,–

54   KARAS-BERGE/auch KARASBERGE   150,–

55   GROSS-NABAS   325,–
56   AUOB   300,–

57   NURUDAS   240,–
58   NARUDAS (seit 11. 11. 1908)   375,–

| 59 | NOSSOB | 225,– |

| 60 | ORANJE | 175,– |
| 61 | KALAHARI 1907, nur an Engländer vergeben | * |

| 62 | KALAHARI 1908 | 250,– |

Kolonial-Denkmünze

| 63 | für Weiße, 1912 | 160,– |
| 64 | wie vor, für Farbige der Schutz- und Polizeitruppen, kleinere Ausführung | 750,– |

Gefechtsspangen zur Kolonial-Denkmünze

| 65 | DEUTSCH-OSTAFRIKA 1888/89 | 355,– |

| 66 | wie vor, 1889/90 | 330,– |
| 67 | wie vor, 1889/91 | 400,– |

DEUTSCH-OSTAFRIKA 1892.

| 68 | wie vor, 1892 | 380,– |

DEUTSCH-OSTAFRIKA 1893.

| 69 | wie vor, 1893 | 380,– |

DEUTSCH-OSTAFRIKA 1894.

70	wie vor, 1894	380,–
71	wie vor, 1895	340,–
72	wie vor, 1896	340,–
73	wie vor, 1897	340,–

DEUTSCH-OSTAFRIKA 1897/98

| 74 | wie vor, 1897/98 | 380,– |

DEUTSCH-OSTAFRIKA 1898.

| 75 | wie vor, 1898 | 340,– |

DEUTSCH-OSTAFRIKA 1899.

| 76 | wie vor, 1899 | 300,– |

DEUTSCH-OSTAFRIKA 1900.

| 77 | wie vor, 1900 | 280,– |

DEUTSCH-OSTAFRIKA 1901.

| 78 | wie vor, 1901 | 280,– |

DEUTSCH-OSTAFRIKA 1902

| 79 | wie vor, 1902 | 250,– |

DEUTSCH OSTAFRIKA 1903

80   wie vor, 1903   250,–

DEUTSCH OSTAFRIKA 1905/07

81   wie vor, 1905/07   275,–
82   wie vor, 1911   250,–
83   wie vor, 1912   225,–

SÜDWESTAFRIKA 1893/95

84   SÜDWEST-AFRIKA 1893/95   425,–
85   wie vor, 1896   330,–
86   wie vor, 1897   280,–

SÜDWESTAFRIKA 1897/98

87   wie vor, 1897/98   330,–
88   wie vor, 1901   280,–
89   wie vor, 1903/04   225,–
90   KAMERUN 1884   415,–
91   wie vor, 1886/91   400,–
92   wie vor, 1889   380,–
93   wie vor, 1890   380,–

KAMERUN 1891

94   wie vor, 1891   250,–
95   wie vor, 1891/94   380,–
96   wie vor, 1893   350,–

KAMERUN 1895/96

97   wie vor, 1895/96   290,–
98   wie vor, 1897   290,–

| 99 | wie vor, 1898 | 280,– |

KAMERUN 1898/99

100	wie vor, 1898/99	330,–
101	wie vor, 1899	225,–
102	wie vor, 1899/1900	275,–
103	wie vor, 1900	200,–

KAMERUN 1900/01

| 104 | wie vor, 1900/01 | 200,– |
| 105 | wie vor, 1901 | 200,– |

KAMERUN 1901/02

| 106 | wie vor, 1901/02 | 200,– |

KAMERUN 1902

| 107 | wie vor, 1902 | 180,– |

KAMERUN 1902/03

108	wie vor, 1902/03	225,–
109	wie vor, 1903	180,–
110	wie vor, 1904	180,–
111	wie vor, 1904/05	225,–

KAMERUN 1905

| 112 | wie vor, 1905 | 180,– |
| 113 | wie vor, 1906 | 130,– |

KAMERUN 1906/07

| 114 | wie vor, 1905/07 | 225,– |
| 115 | wie vor, 1906/07 | 180,– |

116	wie vor, 1907/08	180,–
117	wie vor, 1911	160,–
118	wie vor, 1912	160,–

119   SAMOA 1888   500,–

120   VENEZUELA 1902/03   365,–

121   PONAPE 1910/11   275,–
122   TOGO 1894/95   425,–

123   wie vor, 1895   425,–

124   wie vor, 1896   425,–
125   wie vor, 1896/97   425,–

126   wie vor, 1897   425,–
127   wie vor, 1897/98   425,–
128   wie vor, 1898   380,–
129   wie vor, 1898/99   380,–

130   wie vor, 1899   380,–
131   wie vor, 1900   380,–
132   wie vor, 1900/01   380,–

133	wie vor, 1901	330,–
134	wie vor, 1902	310,–
135	wie vor, 1903	310,–
136	DEUTSCH-NEUGUINEA 1893	500,–
137	wie vor, 1897	500,–
138	wie vor, 1899	450,–
139	wie vor, 1900	450,–
140	wie vor, 1901	450,–
141	wie vor, 1902	400,–
142	wie vor, 1903	400,–
143	wie vor, 1904	360,–
144	wie vor, 1905	330,–
145	wie vor, 1906	330,–
146	wie vor, 1907	330,–
147	wie vor, 1908	330,–
148	wie vor, 1909	280,–
149	wie vor, 1910	280,–
150	wie vor, 1911	280,–
151	wie vor, 1912	225,–
152	wie vor, 1913	225,–
153	wie vor, 1913/14	280,–

Kriegsverdienstmedaillen

154   Kriegerverdienstmedaille 1. Klasse
in Gold, 1892 – 1919, auch für farbige
Offiziere und Mannschaften   G 7.150,–
                                                                Sv 2.640,–

155   wie vor, 1. Klasse in Silber, auch
für farbige Offiziere   2.640,–

156   Kriegerverdienstmedaille 2. Klasse
in Gold, 1892 – 1919, auch für farbige
Offiziere und Mannschaften   325,–

157   wie vor, 2. Klasse in Silber für
farbige Unteroffiziere und Mannschaften   145,–

158 wie vor, 2. Klasse, RS »KRIEGS / VERDIENST«   440,–

Erinnerungsmedaillen

159 Helvetia-Benigna Medaille, 1917 – 1919,
     große Ausführung, nt   6.050,–
160 wie vor, kleine Ausführung mit Öse   5.830,–
161 kleine Ausführung als Brosche   990,–

Waffenabzeichen der Marine

162 Abzeichen für Marineflugzeugführer
     von Seeflugzeugen, 1913   980,–

163   wie vor, für Landflugzeuge, 1915   1.090,–

164   Abzeichen für Beobachter auf
       Marineflugzeugen, 1915   990,–

165   Erinnerungsabzeichen für Marineflugzeug-
       Führer und -Beobachter, 1916   690,–

166 U-Boots-Kriegsabzeichen, 1918   310,–

Waffenabzeichen der Fliegertruppe

167 Abzeichen für Militär-Flugzeugführer, 1913   675,–

168 Abzeichen für Beobachter, 1914   630,–
169 Flieger-Erinnerungszeichen, 1914   850,–

170   Flieger-Erinnerungszeichen, 1916   760,–

171   Abzeichen für Fliegerschützen, 1918   815,–
172   Ehrenbecher »Dem.Sieger.im.Luftkampf.«, 1916   8.950,–

Verwundetenabzeichen

Armee und Kolonialtruppen

173 Verwundetenabzeichen in Gold für fünf-
und mehrmalige Verwundung, 1918   90,–

174	wie vor, durchbrochen	100,–
175	wie vor, Schraube mit Gegenplatte	170,–
176	wie vor, Silber für drei- und viermalige Verwundung	75,–
177	wie vor, durchbrochen	75,–
178	wie vor, Schraube mit Gegenplatte	170,–
179	wie vor, in Schwarz für ein- und zweimalige Verwundung	20,–
180	wie vor, durchbrochen	30,–
181	wie vor, Schraube mit Gegenplatte	65,–

Marine

182	Verwundetenabzeichen in Gold für fünf- und mehrmalige Verwundung, 1918	455,–
183	wie vor, in Silber für drei- und viermalige Verwundung	220,–
184	wie vor, in Schwarz für ein- und zweimalige Verwundung	155,–

Brieftaubenwesen

185	entfällt	
186	Eiserne Medaille, 1918, nt	145,–

Weimarer Republik 1918–1933

Schlesisches Bewährungsabzeichen »Schlesischer Adler«

187   1. Stufe, 1919, Steckabzeichen, geschwärzt
oder bräuniert   115,–

188   2. Stufe, 1919, am Band, geschwärzt oder
bräuniert   90,–

189   Abzeichen für Verdienste um die Kolonien,
1921 – 1939, Steckabzeichen, silberfarben   165,–

190   Kampfwagen-Abzeichen, 1921 – 1923   2.090,–

191   Erinnerungsabzeichen für die Besatzung der
      Heeresluftschiffe, 1920 – 1922   1.320,–

192   wie vor, für die Besatzungen der Marine-
      luftschiffe, 1920 – 1922   1.240,–

Sportabzeichen

193   Deutsches Turn und Sportabzeichen in
      Gold, 1913   130,–

194	wie vor, in Bronze, 1913	30,–
195	wie vor, in Silber, 1920	75,–
196	Deutsches Reiter- und Fahrabzeichen, 1916 – 1929	*

Freie Stadt Danzig

197	Danziger Kreuz 1. Klasse, 1939, Steckkreuz	1.760,–

198	wie vor, 2. Klasse, am Band	715,–
199	Medaille »Für Rettung aus Lebensgefahr«, 1927	1.430,–
200	Erinnerungszeichen »Verdienst um das Feuer-Löschwesen«, 1932	1.100,–
201	Feuerwehr-Ehrenzeichen, 1. Stufe	2.145,–
202	wie vor, 2. Stufe	1.540,–
203	Treudienst-Ehrenzeichen für 50 Jahre, Sonderstufe	2.335,–
204	wie vor, für 40 Jahre, 1. Stufe	1.540,–
205	wie vor, für 25 Jahre, 2. Stufe	1.210,–
206	Polizei-Dienstauszeichnung für 25 Jahre, 1. Stufe	1.680,–
207	wie vor, für 18 Jahre, 2. Stufe	1.165,–
208	wie vor, für 8 Jahre, 3. Stufe, Medaille	1.045,–

209	Ehrenzeichen des Roten Kreuzes, 1. Modell ohne Hakenkreuz, am Band	1.045,–
210	wie vor, 2. Modell, mit Hakenkreuz, Steckkreuz	1.770,–
211	Verdienstkreuz des Roten Kreuzes, 1. Klasse, Steckkreuz	1.320,–
212	wie vor, 2. Klasse, am Band	815,–
213	entfällt	
214	Ehrennadel der SS-Heimwehr Danzig, emailliert	1.760,–

Deutsches Reich
1933 – 1945

Verdienstorden vom Deutschen Adler
Deutscher Adlerorden (DAO), Klasseneinteilung
vom 27. Dezember 1943

215	Großkreuz mit Brillanten (Kleinod ohne Brillanten), 66 mm	*
216	Goldener Bruststern zum Großkreuz mit Brillanten, 91 mm, acht Strahlen	*
217	Goldenes Großkreuz, 66 mm	27.500,–
218	Goldener Bruststern zum Goldenen Groß-kreuz, 91 mm, acht Strahlen	23.100,–
219	Großkreuz, 60 mm, Ring	11.550,–

220	wie vor, an der Agraffe	7.700,–

221	Bruststern zum Großkreuz, 80 mm, acht Strahlen	7.175,–
222	Großkreuz mit Schwertern, 60 mm, mit Ring	11.440,–

223   wie vor, an der Agraffe   8.690,–

224   Bruststern zum Großkreuz mit Schwertern,
      80 mm, acht Strahlen   7.095,–

225	DAO 1. Klasse, 50 mm	3.410,–
226	Bruststern zum DAO 1. Klasse, 80 mm, acht Strahlen	6.490,–
227	DAO 1. Klasse mit Schwertern, 50 mm	5.940,–
228	Bruststern zum DAO 1. Klasse mit Schwertern, 80 mm, acht Strahlen	7.120,–
229	DAO 2. Klasse, 50 mm, am Ring, Halsdekoration	2.585,–
230	wie vor, an der Agraffe	2.255,–

231   Bruststern zum DAO 2. Klasse, 75 mm, sechs
      Strahlen   3.685,–

232   DAO 2. Klasse mit Schwertern, 50 mm, nur
      mit Agraffe, Halsdekoration   2.420,–

233   Bruststern zum DAO 2. Klasse mit Schwertern,
      75 mm, sechs Strahlen   4.040,–
234   DAO 3. Klasse, 50 mm, am Ring, Halsdekoration   2.585,–
235   wie vor, an der Agraffe   2.365,–

236   DAO 3. Klasse mit Schwertern, 50 mm,
      Halsdekoration   3.080,–

237   DAO 4. Klasse, 50 mm, Steckkreuz   1.925,–
238   DAO 4. Klasse mit Schwertern, 50 mm,
      Steckkreuz, Schwerter 34 mm   2.585,–

239   wie vor, Schwerter 38 mm   2.585,–
240   DAO 5. Klasse, 45 mm, am Ring,
      Banddekoration   1.805,–

241   wie vor, an der Agraffe   1.595,–

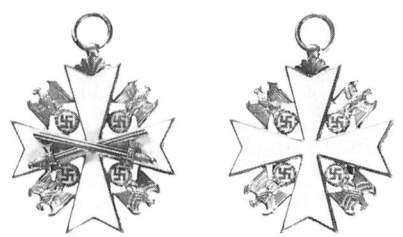

242   DAO 5. Klasse mit Schwertern, 45 mm,
      Banddekoration   1.840,–

243   Deutsche Silberne Verdienstmedaille, 38 mm,
      »Frakturschrift«   825,–

244   wie vor, »Blockschrift«   1.340,–
245   Deutsche Silberne Verdienstmedaille mit
      Schwertern, 38 mm, »Frakturschrift«   1.075,–

246	wie vor, »Blockschrift«	1.815,–
247	Deutsche Brozene Verdienstmedaille, 38 mm, »Blockschrift«	460,–
248	wie vor, mit Schwertern	770,–

Deutscher Nationalpreis für Kunst und Wissenschaft

249	Schärpe mit Rosette	*
250	Bruststern mit Brillanten	*

Deutscher Orden, 1942 – 1945

251	1. Klasse, Goldenes Kreuz mit Lorbeerkranz und Schwertern, Halsdekoration	*
252	2. Klasse, Goldenes Kreuz, Halsdekoration	*
253	wie vor, mit Eichenlaub und Schwertern, Halsdekoration	*

254	3. Klasse, Steckkreuz	*

Zivile Ehrenzeichen

255	Rettungsmedaille am Band, 1937	600,–
256	Erinnerungsmedaille für Rettung aus Gefahr, nt	880,–
257	Feuerwehr-Ehrenzeichen 1. Klasse, 1936 – 1938, Steckkreuz, emailliert	2.700,–
258	wie vor, 1. Klasse, ab 1938, am Band, emailliert	790,–
259	wie vor, 2. Klasse, ab 1936, am Band, emailliert	190,–

260	entfällt	
261	wie vor, 2. Stufe mit goldenem Eichenkranz »40«	*
262	Reichsgrubenwehr-Ehrenzeichen, Steckabzeichen, rund, 1936	2.610,–

263   Grubenwehr-Ehrenzeichen, am Band, 1938   400,–

264   Luftschutz-Ehrenzeichen, 1. Stufe, am Band, 1938   1.160,–

265   wie vor, 2. Stufe, am Band   90,–

Mutterkreuz

266   Ehrenkreuz der Deutschen Mutter, 1. Modell,
       1938 – 1939, »Das/Kind adelt/die Mutter«, in Gold   3.300,–

267   wie vor, in Silber   2.500,–
268   wie vor, in Bronze   2.000,–

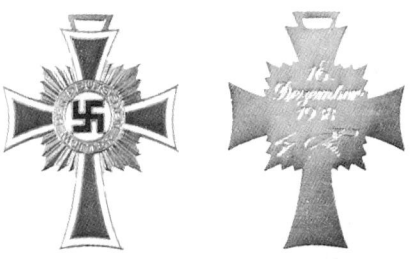

269   Ehrenkreuz der Deutschen Mutter, 2. Modell,
       1939 – 1945, »16./Dezember/1938« in Gold   75,–
270   wie vor, in Silber   55,–
271   wie vor, in Bronze   40,–

Anschlußmedaillen

Österreich

272　Medaille zur Erinnerung an den 13. März 1938　　　85,–

Sudetenland

273　Medaille zur Erinnerung an den 1. Oktober 1938　　50,–

274　wie vor, mit Spange »Prager Burg«　　　140,–

Memelland

275   Medaille zur Erinnerung an die Heimkehr
      des Memellandes, 1939   200,–

Schutzwall

276   Deutsches Schutzwall-Ehrenzeichen, 1939   25,–
277   Spange »1944« zum Deutschen Schutzwall-Ehren-
      zeichen, Verleihungen nicht nachgewiesen   *

Dienstauszeichnungen

278 Treudienst-Ehrenzeichen, Sonderstufe mit der
Zahl »50«, 1938 340,–
279 wie vor, 1. Stufe für 40 Jahre 60,–
280 wie vor, mit Eichenlaub, für 50 Dienstjahre, 1944 *

281 wie vor, 2. Stufe für 25 Jahre 35,–

Polizei

282 Polizei-DA 1. Stufe mit Eichenlaub und der
Zahl »40«, Verleihungen fraglich *

283   wie vor, 1. Stufe für 25 Jahre treue Dienst-
      leistungen, Kreuz   195,–
284   wie vor, 2. Stufe für 18 Jahre, Kreuz   175,–

285   wie vor, 3. Stufe für 8 Jahre, Medaille   110,–

Zoll

286   Zollgrenzschutz-Ehrenzeichen, 1939, Kreuz   275,–

RAD-männlich

287 DA 1. Stufe für 25 Jahre treue Dienstleistung,
1938, ovale Medaille 660,–
288 wie vor, 2. Stufe für 18 Jahre treue Dienstleistung 440,–

289 wie vor, 3. Stufe für 12 Jahre treue Dienstleistung 275,–
290 wie vor, 4. Stufe für 4 Jahre treue Dienstleistung 120,–

RAD-weiblich

291 DA 1. Stufe für 25 Jahre treue Dienstleistung,
1938, ovale Medaille 840,–
292 wie vor, 2. Stufe für 18 Jahre treue Dienstleistung 580,–
293 wie vor, 3. Stufe für 12 Jahre treue Dienstleistung 400,–
294 wie vor, 4. Stufe für 4 Jahre treue Dienstleistung 250,–

Dienstnadeln

295 Dienstnadel für Eisenbahnerinnen,
Goldstufe, für 10 Dienstjahre, 1944 850,–
296 wie vor, Silberstufe für 6 Dienstjahre 570,–
297 wie vor, Bronzestufe für 3 Dienstjahre 410,–
298 Treudienstnadel für Arbeiter und Angestellte
von Heer und Kriegsmarine 270,–
299 Silberspange für SS-Helferinnen, Leistungsabzeichen 5.775,–

Ehrenzeichen des Deutschen Roten Kreuzes

Ausgabe 1922 – 1934

300	Ehrenzeichen 1. Klasse, Kreuz, emailliert, Halsdekoration	1.095,–
301	wie vor, 2. Klasse, Banddekoration	260,–

Ausgabe 1934 – 1937

302	Bruststern, vier Strahlen	3.100,–

303	Kreuz 1. Klasse, Halsdekoration	1.475,–

304	Verdienstkreuz, Steckkreuz, gewölbt	850,–
305	Ehrenzeichen am Band, Adler eingelassen	270,–
306	Ehrenzeichen an der Damenschleife, Adler eingelassen	350,–

Ausgabe 1937 – 1939

307	Großkreuz	*
308	Bruststern zum Großkreuz, vier Strahlen	*
309	Kreuz 1. Klasse mit Brillanten	*

310	Kreuz 1. Klasse, Halsdekoration	2.070,–
311	Bruststern zum Kreuz 1. Klasse	*
312	Verdienstkreuz, Steckkreuz	1.090,–
313	Kreuz 2. Klasse, am Band	320,–
314	Ehrenzeichen an der Damenschleife	380,–
315	Medaille des Deutschen Roten Kreuzes	275,–
316	Anerkennungsmedaille für 10jährige Dienste	450,–

Ehrenzeichen für Deutsche Volkspflege

317	Sonderstufe ohne Schwerter, Halsdekoration	*
318	Bruststern zur Sonderstufe	*
319	1. Stufe, mit Brillanten, Halsdekoration	*

320	1. Stufe, Halsdekoration	2.225,–

321	2. Stufe, Steckkreuz	960,–

322	3. Stufe, am Band	435,–
323	wie vor, mit Schwertern auf dem Bande	420,–

324 Medaille, altsilbern patiniert 90,–

325 wie vor, mit Schwertern auf dem Bande 190,–

DRK-Schwesternkreuze

326 Schwesternkreuz für die Generaloberin 2.250,–

327 wie vor, für Oberinnen, an der goldenen Kette 720,–

328   wie vor, für Schwestern nach 25 Dienstjahren, an der silbernen Kette   480,–
329   wie vor, für Schwestern nach 10 Dienstjahren   340,–

Sportehrenzeichen

330   Deutsches Olympia-Ehrenzeichen 1. Klasse,
1936, Halsdekoration   2.700,–
331   wie vor, 2. Klasse, am Band   865,–

332	wie vor, Erinnerungsmedaille	175,–
333	Olympia-Siegernadel des Deutschen Reichs- bundes für Leibesübungen, Goldstufe	1.665,–
334	wie vor, Silberstufe	1.305,–
335	wie vor, Bronzestufe	945,–

Reichssportabzeichen

DRA – ohne Hakenkreuz

336	Reichssportabzeichen, bis 1933, in Gold	115,–
337	wie vor, in Silber	70,–
338	wie vor, in Bronze	55,–

339   entfällt
340   entfällt
341   entfällt
342   entfällt

DRL – mit Hakenkreuz

343	Reichssportabzeichen in Gold	100,–
344	wie vor, in Silber	60,–
345	wie vor, in Bronze	35,–
346	Versehrten-Sportabzeichen, 1942	245,–
347	Reichjugendsportabzeichen für Jungen, ohne Hakenkreuz, Nadel	70,–
348	wie vor, fünf Mädchen, Brosche	100,–
349	Reichsjugendsportabzeichen für Jungen, mit Hakenkreuz, Nadel	70,–
350	wie vor, für Mädchen, Brosche	95,–

351	Schwerathleten-Abzeichen in Gold	1.205,–
352	wie vor, in Silber	925,–
353	wie vor, in Bronze	710,–
354	Medaille des Reichssportführers	230,–

Meisterschafts- und Leistungsabzeichen DRL/NSRL

1937 und 1938 = DRL
1939 bis 1944 = NSRL

355	Meisterschaftsabzeichen, 1937, in Gold	*
356	wie vor, 1938	*
357	wie vor, 1939	610,–
358	wie vor, 1940	615,–
359	wie vor, 1941	Sv 450,–
360	wie vor, 1941	Br 200,–
361	wie vor, 1942	540,–
362	wie vor, 1943	Sv 595,–
363	wie vor, 1943	S 400,–
364	wie vor, 1944	685,–
365	ohne Jahreszahl	620,–
366	Leistungsabzeichen, 1937, in Silber	350,–
367	wie vor, 1938	365,–
368	wie vor, 1939	340,–
369	wie vor, 1940	340,–
370	wie vor, 1941	340,–
371	wie vor, 1942	340,–

372	wie vor, 1943	335,–
373	wie vor, 1944	*
374	ohne Jahreszahl	425,–
375	Leistungsabzeichen, 1937, in Bronze	210,–
376	wie vor, 1938	160,–
377	wie vor, 1939	160,–
378	wie vor, 1940	145,–
379	wie vor, 1941	155,–
380	wie vor, 1942	135,–
381	wie vor, 1943	190,–
382	wie vor, 1944	240,–
383	ohne Jahreszahl	325,–

Reiterei

384	Deutsches Reiterabzeichen 1. Klasse in Gold, ab 1930	790,–

385	wie vor, 2. Klasse in Silber	310,–
386	wie vor, 3. Klasse in Bronze	110,–
387	wie vor, übergroße Ausführung für Reitställe, schraubbar, nt	430,–
388	Deutsches Jugend-Reiterabzeichen, 1932	225,–
389	Deutsches Fahrerabzeichen 1. Klasse in Gold, 1930	430,–
390	wie vor, 2. Klasse in Silber	325,–

391	wie vor, 3. Klasse in Bronze	195,–
392	Deutsches Pferdepflegerabzeichen 1. Klasse in Gold, 1933	495,–
393	wie vor, 2. Klasse in Silber	415,–
394	wie vor, 3. Klasse in Bronze	260,–
395	Deutsches Reiterführer-Abzeichen, 1937	3.445,–

Motorsport

396	Deutsches Motorsportabzeichen, 1. Stufe in Gold, 1938	1.980,–
397	wie vor, 2. Stufe in Silber	1.705,–
398	wie vor, 3. Stufe in Eisen, patiniert	1.100,–

SA und SS

399   SA-Wehrabzeichen in Gold, 1933   440,–
400   wie vor, in Silber   220,–
401   wie vor, in Bronze   60,–

402   SA-Wehrabzeichen für Kriegsversehrte, 1943   495,–
403   SA-Wehrabzeichen für Wassereinheiten   2.970,–
404   SA-Reiterführerabzeichen   3.960,–
405   Germanische Leistungsrune in Silber, 1943   2.915,–
406   wie vor, in Bronze   1.840,–

HJ, Jungvolk und BDM

HJ-Leistungsabzeichen

407	3. Stufe in Silber, für 17jährige und älter, 1934	110,–
408	wie vor, 2. Stufe in Bronze für 16jährige	90,–
409	wie vor, 1. Stufe in Eisen für 15jährige, patiniert	80,–
410	wie vor, 3. Stufe, Eisenblech-Hohlprägung, erste Ausführung	115,–

Sportabzeichen

411	Goldenes Führersportabzeichen der HJ, 1937, emailliert	530,–
412	Goldene Ehrennadel des Deutschen Jugend-meisters, VS »JUGEND-MEISTER«	*

413	wie vor, silberne Ehrennadel, VS »KAMPF-SPIELE«	810,–
414	wie vor, bronzene Ehrennadel	720,–
415	HJ-Ehrennadel der Reichssieger, 1. Sieger in Gold	1.575,–
416	wie vor, 2. Sieger in Silber	1.100,–
417	wie vor, 3. Sieger in Bronze	945,–

Schießauszeichnungen

418	HJ-Schießauszeichnung, 1936	65,–
419	Schießauszeichnung für Scharfschützen, 1938	180,–
420	HJ-Schießauszeichnung für Meisterschützen, 1941	620,–
421	HJ-Skiführerabzeichen	2.000,–

422	Leistungsabzeichen des Deutschen Jung-volks, in Silber, 1935	85,–
423	wie vor, patinierte Ausführung, nur 1935 verliehen	320,–

424 Schießauszeichnung des Deutschen Jung-
     volks, 1939   105,–
425 BDM-Leistungsabzeichen in Silber, 1934   340,–

426 wie vor, in Bronze   200,–

427 Jungmädel-Leistungsabzeichen   320,–

Tätigkeitsabzeichen der Polizei

428 Gendamerie-Hochalpinistenabzeichen, emailliert   2.700,–
429 Gendamerie-Alpinistenabzeichen, emailliert   2.700,–
430 Polizei-Skiführerabzeichen   2.700,–
431 Polizei-Bergführerabzeichen, emailliert   2.700,–
432 Bergwacht Hilfspolizeiabzeichen, emailliert   2.700,–

Luftfahrt

Freiballonführer

433   Abzeichen für Freiballonführer,
      1929 – 1932, DLV   *

434   Abzeichen für Freiballonführer,
      1932 – 1933, DLV, in Gold   2.780,–

435   wie vor, in Silber   2.365,–

436   wie vor, in Bronze   2.170,–

437   Abzeichen für Freiballonführer,
      1933 – 1938, DLV, VS mit Schwinge
      und Hakenkreuz   2.200,–

438   Abzeichen für Freiballonführer,
      1938 – 1945, NSFK, VS geflügelter Mensch   3.025,–

Motorflieger

439   Abzeichen für Motorflugzeugführer,
      1938 – 1939, NSFK, gestickt   1.980,–

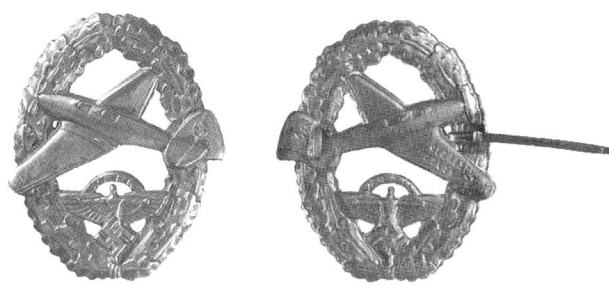

440　wie vor, ab 1939, VS Propellerflugzeug　　　　2.420,–

441　wie vor, VS geflügelter Mensch sowie Adler　　2.860,–

Segelflieger

442　Großes NSFK-Segelfliegerabzeichen,
　　　1942, emailliert　　　　　　　　　　　　　　2.100,–

443	Gleitflieger-Abzeichen, A-Stufe	120,–
444	Segelflieger-Abzeichen, B-Stufe	155,–
445	wie vor, C-Stufe	200,–
446	wie vor, Silber C-Stufe	350,–
447	wie vor, Gold C-Stufe	640,–
448	wie vor, Gold C-Stufe mit Brillanten	*

Modellflug

449	NSFK Modellflug-Leistungsabzeichen in Gold, A-Stufe, 1. Modell, hochoval	2.200,–
450	wie vor, in Silber, B-Stufe	1.430,–
451	wie vor, in Bronze, C-Stufe	870,–
452	NSFK Modellflug-Leistungsabzeichen in Gold, 2. Modell, rund	2.310,–
453	wie vor, in Bronze	1.265,–

NSFK

454	Abzeichen für fördernde Mitglieder	70,–

DLV

455	Bordfunkerabzeichen	440,–
456	Abzeichen für Flugzeugführer	400,–

SA

457	Bordfunker (Orter) Abzeichen	890,–
458	Flugzeugführerabzeichen	715,–
459	Fliegerabzeichen	*
460	SA-SS Fliegerabzeichen	1.770,–

Zivilflug

461	Spange für Zivilbeobachter	1.540,–
462	Spange für Zivilflieger, emailliert	1.980,–
463	Treueabzeichen der Luftfahrtindustrie	385,–

Deutsche Akademie für Luftfahrtforschung

464	Amtskette der Präsidialmitglieder	*
465	Abzeichen für ordentliche Mitglieder, Dekoration am Kettchen	6.000,–
466	wie vor, kleine Dekoration, Nadel	750,–

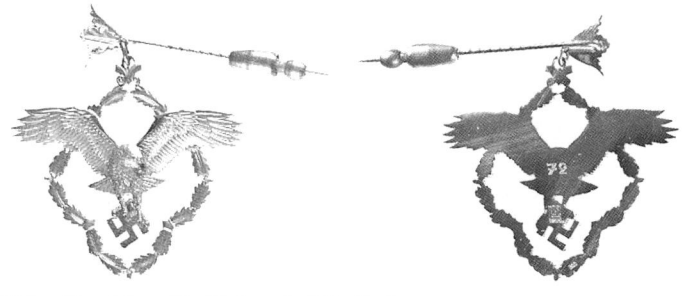

467	Abzeichen für fördernde Mitglieder, Dekoration am Kettchen	*
468	wie vor, kleine Dekoration, Nadel	*
469	Abzeichen für korrespondierende Mitglieder, Dekoration am Kettchen	4.500,–
470	wie vor, kleine Dekoration, Nadel	750,–

Auszeichnungen der NSDAP

471   Ehrenzeichen vom 9. November 1923,
       1. Typ mit Signatur »990/J. FUESS MÜNCHEN«,
       1934 – 1938   3.950,–

472   Ehrenzeichen vom 9. November 1923,
       2. Typ »800« ohne Signatur, ab 1938   3.400,–
473   NSDAP-Verdienstabzeichen, schwarzer
       Stoff mit gestickter Jahreszahl,
       60 x 100 mm, gestiftet 1931
       »1925«   120,–
       »1926«   115,–
       »1927«   115,–
       »1928«   90,–
       »1929«   110,–
       »1930«   110,–
       »1931«   90,–
       »1932«   80,–
       »1933«   80,–

Goldenes Ehrenzeichen der NSDAP – 30 mm

474   Goldenes Ehrenzeichen der NSDAP / 1933,
      verbödet, Broschierung senkrecht, oberes
      Drittel: GES.GESCH.   735,–
475   wie vor, Broschierung waagerecht,
      Mitgliedsnummer unten   565,–
476   wie vor, Broschierung waagerecht, darauf
      DESCHLER SOHN / MÜNCHEN 9   570,–
477   wie vor, verbödet, Broschierung senkrecht,
      oberes Drittel GES.GESCH.
      Gravur A. Hitler und Datum   900,–

Goldenes Ehrenzeichen der NSDAP – 24 mm

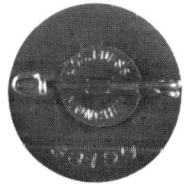

478   Broschierung waagerecht, JOS.FUESS / MÜNCHEN   480,–

479 wie vor, verbödet, Broschierung senkrecht,
     oberes Drittel GES.GESCH.   365,–
480 wie vor, verbödet, Broschierung waagrecht,
     untere Hälfte Datum und A. Hitler   2.200,–
481 Parteiabzeichen in Gold für Ausländer   4.000,–

482 Frontbannabzeichen, 1932, patiniert   1.125,–

483 Gau-München, Erinnerungsabzeichen, 1939   170,–

484 Coburger Abzeichen, 1932, Steckabzeichen   2.555,–

Parteitag Nürnberg

485	Nürnberger Parteitagsabzeichen 1929, hohl gepreßte Ausführung	250,–
486	wie vor, massive Ausführung, ab 1934	250,–
487	wie vor, vergoldete Ausführung	260,–
488	wie vor, versilberte oder bräunierte Ausführung	225,–
489	wie vor, massive Ausführung, feldgrau	265,–
490	wie vor, 35 mm, nt	370,–

SA-Treffen Braunschweig 1931

491	ovaler Schild, hohl gepreßt	810,–

492	wie vor, massive Ausführung	180,–
493	wie vor, rundes Abzeichen, hohl gepreßt, RS querliegende Broschierung	685,–

494	Gau-Abzeichen für die Mitgliedschaft in der NSDAP, seit 1923 Gaue: Sachsen, Bayerische Ostmark, Franken, Halle-Merseburg, Hessen-Nassau, Magdeburg-Anhalt, Mecklenburg und Lübeck	2.000,–
495	wie vor, für die Mitgliedschaft in der NSDAP, seit 1925	1.800,–

Berlin

496	Gau-Traditionsabzeichen, 1936, in Gold	2.520,–

497	wie vor, in Silber	2.000,–

Essen

498	Gau-Traditionsabzeichen, 1935, in Gold	*
499	wie vor, in Silber	1.415,–

Ostpreußen

500   Gau-Ehrenzeichen, 1938, patiniert   2.860,–

Danzig-Westpreußen

501   Traditions-Gau-Abzeichen, 1939,
      zwei Ausführungen   3.690,–

Baden

502   Gau-Ehrenzeichen, 1933, in Gold, oval   2.180,–

503   wie vor, in Silber   1.720,–
504   wie vor, als Brosche für Frauen, in Gold   2.095,–
505   wie vor, in Silber   1.350,–
506   wie vor, runde Ausführung in Gold, 27 mm   2.060,–
507   wie vor, in Silber   1.440,–

Thüringen

508   Traditions-Gau-Abzeichen in Gold   4.050,–

509   wie vor, in Silber   3.000,–
510   wie vor, in Bronze   1.800,–

Osthannover

511	Traditionsabzeichen in Gold, 1933	2.995,–
512	wie vor, in Silber, patiniert	1.890,–
513	wie vor, in Bronze, altgetönt	830,–

Wartheland

514	Gau-Traditionsabzeichen, 1939/1940, emailliert	4.000,–
515	wie vor, verkleinerte Ausführung, 24 mm	1.000,–
516	wie vor, mit Brillanten	*

Sudetenland

517	Gau-Ehrenzeichen, 1943, patiniert	2.655,–

Weser-Ems

518	Ehrenschild	*

Dienstauszeichnungen der NSDAP

519   DA in Bronze, 1. Stufe, 1939   180,–

520   DA in Silber, 2. Stufe, emailliert   330,–

521   DA in Gold, 3. Stufe, emailliert   1.925,–

Hitlerjugend

522	HJ-Ehrenzeichen, glatter goldener Rand, emailliert	280,–
523	wie vor, Sonderstufe mit Brillanten und Rubinen	*
524	wie vor, mit goldenem Eichenlaubrand, emailliert	*

525	Ehrenzeichen der Reichsjugendführung der HJ für verdiente Ausländer, emailliert	2.375,–

526	Potsdam-Abzeichen, 1932, in Silber	260,–
527	entfällt	
528	Traditionsabzeichen »SCHARNHORST«	*
529	Ehrenzeichen des Jungsturmes Adolf Hitler, 1933	*
530	Silbernes Ehrenzeichen des NS-Studentenbundes, 1934, emailliert	800,–

Reichssieger / Berufswettkampf

531   Siegerabzeichen für 1938, emailliert   1.925,–

532   wie vor, 1939, emailliert   1.900,–

533   wie vor, 1944, ausgemalt   2.035,–

Gausieger/Berufswettkampf

534 Siegerabzeichen für 1938, emailliert   525,–

535 wie vor, 1939, emailliert   385,–

536 wie vor, 1944, ausgemalt   495,–

Kreissieger/Berufswettkampf

537   Siegerabzeichen für 1938, emailliert   320,–

538   wie vor, 1939, emailliert   315,–
538/1 wie vor, 1944, ausgemalt   320,–

539   Ehrenplakette für Mitglieder des Reichs-
      Kultur-Senats, 1936, emailliert   6.600,–
540   wie vor, verkleinerte Ausführung an der Nadel   770,–

Wirtschaft

541	Dr. Fritz-Todt-Preis in Gold, 1943	3.400,–
542	wie vor, in Silber, patiniert	1.880,–
543	wie vor, in Stahl, bräuniert	2.060,–
544	Pionier der Arbeit, 1940, emailliert	20.000,–

545	Wehrwirtschaftsführer, 1939	1.540,–
546	Ehrenzeichen des Reichsnährstandes in Gold	1.320,–
547	wie vor, in Silber	460,–

Technische Nothilfe

548	Goldenes Nothelferzeichen, Nadel, 1934	95,–
549	Goldene Nothelfernadel mit Kranz	210,–

550	Ehrenzeichen der Technischen Nothilfe, 1935 – 1936, emailliert, mit der Jahreszahl 1919	825,–
551	wie vor, 1920	775,–
552	wie vor, 1921	715,–

553	wie vor, 1922	715,–
554	wie vor, 1923	605,–
555	TeNo Jahresärmelband, Goldfaden gewebt, schwarze Unterlage, 1936 – 1944 mit der Jahreszahl 1919	620,–
556	wie vor, 1920	600,–
557	wie vor, 1921	540,–
558	wie vor, 1922	540,–
559	wie vor, 1923	385,–
560	wie vor, 1924	320,–
561	wie vor, 1925	320,–

Militärische Ehrenzeichen

Ehrenkreuz des Weltkrieges 1914 – 1918

562	Ehrenkreuz für Frontkämpfer, 1934, brüniert, mit Schwertern	6,–
563	wie vor, für Kriegsteilnehmer, brüniert, ohne Schwerter	10,–
564	wie vor, für die Witwen und Eltern gefallener Kriegsteilnehmer, geschwärzt	25,–

Spanischer Bürgerkrieg 1936 – 1939

565	Spanienkreuz in Gold mit Schwertern und Brillanten	*

566	Spanienkreuz in Gold mit Schwertern	2.500,–
567	Spanienkreuz in Silber mit Schwertern	1.815,–

568	Spanienkreuz in Silber	2.700,–
569	Spanienkreuz in Bronze mit Schwertern	780,–
570	Spanienkreuz in Bronze	750,–

| 571 | Ehrenkreuz für Hinterbliebene deutscher Spanienkämpfer | 3.300,– |
| 572 | Panzertruppenabzeichen der Legion Condor, in Gold | * |

573	wie vor, in Silber	3.135,–
574	Verwundetenabzeichen für deutsche Freiwillige im spanischen Freiheitskampf, in Gold, 1939, nicht verliehen	300,–

575	wie vor, in Silber	300,–
576	wie vor, in Schwarz	160,–

Eisernes Kreuz 1939 – 1945

577	Großkreuz des Eisernen Kreuzes	*
578	Bruststern zum Großkreuz, nicht verliehen	*
579	Ritterkreuz mit goldenem Eichenlaub, Schwertern und Brillanten	*
580	Ritterkreuz mit Eichenlaub, Schwertern und Brillanten	*
581	Eichenlaub mit Schwertern	10.180,–
582	Eichenlaub	6.000,–

583   Ritterkreuz   4.620,–
584   Eisernes Kreuz 1. Klasse, flache Form, Nadel   170,–
585   wie vor, gewölbte Form, Nadel   180,–

586   Eisernes Kreuz 1. Klasse, Schraube mit
      Gegenplatte   190,–

587   Spange »1939« zum Eisernen Kreuz 1. Klasse
      1914, Nadel   265,–
588   wie vor, Schraube mit Gegenplatte   310,–

589   Eisernes Kreuz 1. Klasse 1914 mit angeprägter
      Spange »1939«   1.020,–

590   Eisernes Kreuz 2. Klasse   75,–

591   Spange »1939« zum Eisernen Kreuz 2. Klasse
      1914, Splinte   135,–

Kriegsdenkmünze

592   Kriegsdenkmünze 1939 – 1940   *
593   Kriegsdenkmünze 1939 – 1941   *
      Nr. 592 und 593 nicht verliehen

Kriegsverdienstkreuz

594   Goldenes Ritterkreuz mit Schwertern   *
595   Goldenes Ritterkreuz   *

596   Ritterkreuz mit Schwertern   4.300,–
597   Ritterkreuz   5.080,–

598   Kreuz 1. Klasse mit Schwertern, Nadel   125,–
599   wie vor, Schraube mit Gegenplatte   150,–
600   Kreuz 1. Klasse, Nadel   125,–

601   wie vor, Schraube mit Gegenplatte   310,–

602   Kreuz 2. Klasse mit Schwertern, am Band   25,–
603   Kreuz 2. Klasse   25,–

604   Medaille zum KVK, patiniert   25,–

Deutsches Kreuz

605   Deutsches Kreuz in Gold mit Brillanten,
      nicht verliehen   *

606 Deutsches Kreuz in Gold	1.700,–
607 Deutsches Kreuz in Silber	3.000,–

Ehrenblattspangen

608   Ehrenblattspange des Heeres   2.200,–

609   Ehrenblattspange der Luftwaffe   2.965,–

610	Ehrentafelspange der Marine	3.850,–

Verwundetenabzeichen

611	Verwundetenabzeichen in Gold, 1. Form, 1939/40	580,–
612	wie vor, in Silber	300,–
613	wie vor, in Schwarz	185,–
614	Verwundetenabzeichen in Gold, 2. Form, 1940, massiv	150,–

615	wie vor, in Silber massiv	65,–
616	wie vor, in Schwarz, hohl gepreßt, geschwärzt	30,–

Verwundetenabzeichen »20. Juli 1944«

617	in Gold, massiv	*
618	in Silber, massiv	*
619	in Schwarz, massiv	*

Winterschlacht

620   Medaille Winterschlacht im Osten
      1941/42, patiniert   35,–

**Dienstauszeichnungen Heer und Marine,
Wehrmachtadler auf dem Band, in Metall**

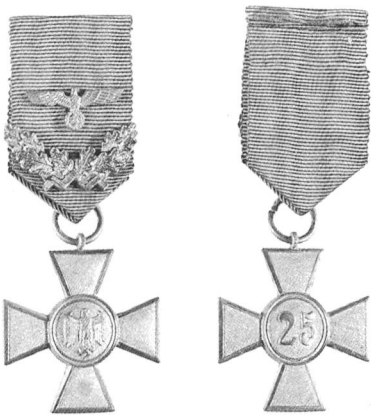

621   DA 1. Klasse mit goldenem Eichenlaub auf
      dem Band für 40 Dienstjahre   810,–

622   DA 1. Klasse für 25 Dienstjahre   275,–

623   DA 2. Klasse für 18 Dienstjahre   210,–

624   DA 3. Klasse für 12 Dienstjahre   90,–

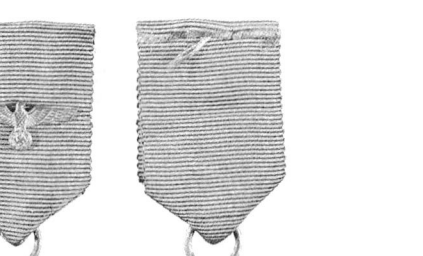

625   DA 4. Klasse für 4 Dienstjahre   60,–

Dienstauszeichnungen Luftwaffe, Luftwaffenadler auf dem Band, in Metall

626	DA 1. Klasse mit goldenem Eichenlaub auf dem Band für 40 Dienstjahre, Kreuz	825,–
627	DA 1. Klasse für 25 Dienstjahre, Kreuz	270,–
628	DA 2. Klasse für 18 Dienstjahre, Kreuz	210,–

629	DA 3. Klasse für 12 Dienstjahre	100,–
630	DA 4. Klasse für 4 Dienstjahre, Medaille Hoheitszeichen in der Farbe des Kreuzes bzw. der Medaille	75,–

SS-Dienstauszeichnungen, SS-Runen auf dem Band, gestickt

631	DA 1. Stufe nach 25jähriger Dienstleistung, Hakenkreuz	*
632	DA 2. Stufe nach 12jähriger Dienstleistung, Hakenkreuz	2.805,–

633   DA 3. Stufe nach 8jähriger Dienstleistung,
      getönt   695,–
634   DA 4. Stufe nach 4jähriger Dienstleistung,
      Medaille, geschwärzt   450,–
      Runen auf dem Band:
      1. Stufe vergoldeter Metallfaden
      2. Stufe alusilberner Metallfaden

Kampfabzeichen der Wehrmacht

Narvik

635   Ärmelschild in Silber für Heer und Luftwaffe   230,–

636   wie vor, in feldgrauem Anstrich   205,–
637   wie vor, in Gold für die Marine   340,–

Cholm

638   Ärmelschild, silbergrau, 1942   925,–
639   wie vor, feldgrau gespritzt, 1944   925,–

Krim

640   Ärmelschild in Gold   *

641   wie vor, stiftungsmäßige Ausführung
      in Eisen oder Kriegsmetall   130,–

Demjansk

642   Ärmelschild, silbergrau, patiniert   220,–
643   wie vor, olivgrau oder feldgrau getönt   240,–

Kuban

644   Ärmelschild   125,–

Warschau

645   Ärmelschild, nicht verliehen   *

Lappland

646   Ärmelschild   805,–

Lorient

647   Ärmelschild, 1. Entwurf mit Wehrmachtsadler,
      nicht offiziell   1.595,–
648   wie vor, 2. Entwurf mit Luftwaffenadler   2.115,–

Ärmelbänder

649   Ärmelband »Kreta«, Filzstoff mit Kunstseide   255,–
650   Ärmelband »Afrika«, brauner Filz, Alu-Tresse   275,–
651   wie vor, Leinen, khakibraun, silbergraue
      Baumwoll-Tresse   165,–
652   für die Kriegsmarine, dunkelblaues Tuch,
      gelbe Stickerei   495,–
653   Ärmelband »Metz 1944«, schwarzer Stoff,
      Metallfadenstickerei   *
654   Ärmelbland »Kurland«, Nesselstoff ungebleicht,
      Schrift schwarz gestickt, RS hellblaugrau   755,–
655   wie vor, Leinen bedruckt   595,–
      Weitere Stoff- und Beschriftungsarten möglich

Fahrwesen

656	Kraftfahrbewährungsabzeichen in Gold, 1942	80,–
657	wie vor, in Silber	60,–
658	wie vor, in Bronze	50,–

Kampf- und Tätigkeitsabzeichen des Heeres

659	Nahkampfspange in Gold, 3. Stufe für 50 Nahkampftage	2.915,–
660	wie vor, mit Gegenhäkchen	6.050,–
661	wie vor, in Silber, 2. Stufe für 30 Nahkampftage	360,–

662	wie vor, in Bronze, 1. Stufe für 15 Nahkampftage	260,–

Infanterie-Sturmabzeichen

663	in Silber	70,–
664	wie vor, Hohlprägung	77,–
665	wie vor, in Bronze	85,–
666	wie vor, Hohlprägung	95,–

Allgemeines Sturmabzeichen

667	Sturmabzeichen mit der Einsatzzahl »100«	5.800,–
668	wie vor, mit der Einsatzzahl »75«	3.200,–

669	wie vor, mit der Einsatzzahl »50«	1.220,–
670	wie vor, mit der Einsatzzahl »25«	1.050,–

671	wie vor, ohne Einsatzzahl	90,–
672	wie vor, Hohlprägung	110,–
673	wie vor, Schraube mit Gegenplatte	205,–

Panzerkampfabzeichen

Ausführung in Silber

674	Panzerkampfabzeichen mit der Einsatzzahl »100«	3.465,–
675	wie vor, mit der Einsatzzahl »75«	3.300,–

676	wie vor, mit der Einsatzzahl »50«	1.430,–
677	wie vor, mit der Einsatzzahl »25«	1.100,–

678	wie vor, ohne Einsatzzahl	110,–
679	wie vor, Hohlprägung	120,–

Ausführung in Bronze

680	Panzerkampfabzeichen mit der Einsatzzahl »100«	*

681	wie vor, mit der Einsatzzahl »75«	4.800,–
682	wie vor, mit der Einsatzzahl »50«	2.475,–
683	wie vor, mit der Einsatzzahl »25«	1.520,–

684   wie vor, ohne Einsatzzahl   130,–
685   wie vor, Hohlprägung   140,–

686   Heeres-Flakabzeichen, brüniert   300,–

687   Fallschirmschützen-Abzeichen des Heeres   6.200,–

Panzervernichtung

688 Sonderabzeichen für das Niederkämpfen von
     Panzerkampfwagen durch Einzelkämpfer, in Gold   1.925,–
689 wie vor, in Schwarz   295,–

Tieffliegervernichtung

690 Tieffliegervernichtungsabzeichen in Gold   *
691 wie vor, in Schwarz   *

Ballonbeobachter

692 Ballonbeobachterabzeichen in Gold, 3. Stufe   *
693 wie vor, in Silber, 2. Stufe   *
694 wie vor, in Bronze, 3. Stufe   3.900,–

Scharfschützen

695 Scharfschützenabzeichen 1. Stufe,
     gestickt, ohne Kordel   *
696 wie vor, 2. Stufe, gestickt, mit silberner Kordel *
697 wie vor, 3. Stufe, gestickt   *

Heeresbergführer

698 Abzeichen für Heeresbergführer   3.100,–

Kampf- und Tätigkeitsabzeichen der Kriegsmarine

699	U-Boots-Frontspange in Silber	1.235,–
700	wie vor, in Bronze	940,–

U-Boots-Kriegsabzeichen

701   U-Boots-Kriegsabzeichen mit Brillanten für den
BdU Großadmiral Dönitz, Loorbeerkranz und
Hakenkreuz mit Brillanten

702   wie vor, mit Brillanten, nur das Hakenkreuz besetzt   25.000,–

703 U-Boots-Kriegsabzeichen 275,–

704 Zerstörer-Kriegsabzeichen 240,–

705 Zerstörer-Kriegsabzeichen mit Brillanten,
nur Hakenkreuz mit Brillanten *

706   Minensucher-Kriegsabzeichen, U-Boots-
      Jagd- und Sicherungsverbände   145,–
707   wie vor, mit Brillanten   *

708   Hilfskreuzer-Kriegsabzeichen mit Brillanten,
      nur Hakenkreuz mit Brillanten   *

709   Hilfskreuzer-Kriegsabzeichen   460,–
710   Flotten-Kriegsabzeichen mit Brillanten,
      nur Hakenkreuz mit Brillanten   *

711   Flotten-Kriegsabzeichen   355,–

712   Schnellboot-Kriegsabzeichen, 1. Modell, 1941,
      Schnellboot im Kranz   1.150,–
713   wie vor, mit Brillanten   *

714   wic vor, 2. Modell, 1943, Schnellboot ragt
      über den Kranz hinaus   630,–

715   wie vor, mit Brillanten, nur Hakenkreuz
      mit Brillanten   20.350,–

716   Kriegsabzeichen für die Marine-Artillerie   240,–

717   Abzeichen für Blockadebrecher, patiniert   410,–

718   Marine-Frontspange, Exemplare aus Bordmitteln   710,–

Kleinkampfmittel

719   Kampfabzeichen der Kleinkampfmittel, 1. Stufe,
      goldener, gestickter Sägefisch in ebensolchem
      Tauwerk   *
720   wie vor, 2. Stufe, goldener, gestickter Sägefisch
      in ebensolchem Tauwerk, ein Schwert   *
721   wie vor, 3. Stufe, goldener, gestickter Sägefisch
      in ebensolchem Tauwerk, zwei gekreuzte Schwerter   *
722   wie vor, 4. Stufe, goldener, gestickter Sägefisch
      in ebensolchem Tauwerk, drei gekreuzte Schwerter   *
723   wie vor, 5. Stufe, Spange mit querliegendem
      Sägefisch auf Tauwerk, Verleihungen fraglich   *
724   wie vor, 6. Stufe, Verleihungen fraglich   *
725   wie vor, 7. Stufe, Verleihungen fraglich   *
726   Bewährungsabzeichen der Kleinkampfmittel,
      goldener, gestickter Sägefisch   *
727   Westwerft-Leistungsabzeichen   485,–

Kampf- und Tätigkeitsabzeichen der Luftwaffe

Frontflugspangen der Luftwaffe Jäger/Tagjäger

728	Spange in Gold mit Brillanten	*
729	Spange in Gold mit Anhänger und Einsatzzahl	*
730	Spange in Gold mit Anhänger	1.465,–
731	Spange in Gold, Pfeil altsilbern	1.000,–

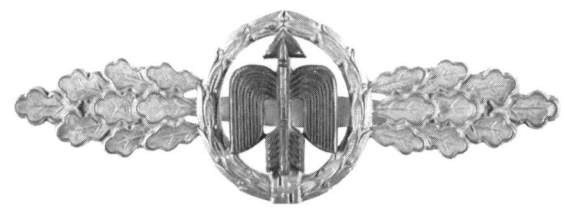

732	Spange in Silber, Pfeil altsilbern	560,–
733	Spange in Bronze, Pfeil altsilbern	485,–

Nah-Nachtjäger, Lorbeerkranz schwarz

734	Spange in Gold mit Anhänger und Einsatzzahl	*

735	Spange in Gold mit Anhänger	*
736	Spange in Gold	1.305,–
737	Spange in Silber	855,–
738	Spange in Bronze	735,–

Fern-Nachtjäger

739	Spange in Gold mit Anhänger und Einsatzzahl	*
740	Spange in Gold mit Anhänger	1.780,–

741	Spange in Gold	1.055,–
742	Spange in Silber	855,–
743	Spange in Bronze	770,–

Zerstörer

744	Spange in Gold mit Anhänger und Einsatzzahl	*
745	Spange in Gold mit Anhänger	*
746	Spange in Gold	1.320,–
747	Spange in Silber	905,–

748	Spange in Bronze	795,–

Kampf- und Sturzkampfflieger

749	Spange in Gold mit Anhänger und Einsatzzahl	*
750	Spange in Gold mit Anhänger	1.050,–
751	Spange in Gold, Auflage altsilbern	660,–
752	Spange in Silber	480,–
753	Spange in Bronze	440,–

Aufklärer

| 754 | Spange in Gold mit Anhänger und Einsatzzahl | * |

755	Spange in Gold mit Anhänger	1.320,–
756	Spange in Gold, Auflage altsilbern	820,–
757	Spange in Silber, Auflage altsilbern	725,–
758	Spange in Bronze, Auflage altsilbern	525,–

Transport- und Luftlandeflieger

759	Spange in Gold mit Anhänger und Einsatzzahl	1.915,–
760	Spange in Gold mit Anhänger	1.430,–
761	Spange in Gold, Auflage altsilbern	825,–
762	Spange in Silber, Auflage altsilbern	610,–
763	Spange in Bronze, Auflage altsilbern	540,–

Schlachtflieger

764	Spange in Gold mit Brillanten und Einsatzzahl »2000«	*
765	Spange in Gold mit Anhänger und Einsatzzahl	*
766	Spange in Gold mit Anhänger	2.410,–

767	Spange in Gold	1.430,–
768	Spange in Silber	990,–
769	Spange in Bronze	715,–

Kampfabzeichen der Luftwaffe

770	Kampfabzeichen der Flakartillerie	240,–

Erdkampfabzeichen

771	Erdkampfabzeichen der Luftwaffe mit Einsatzzahl »100«	*
772	wie vor, mit der Einsatzzahl »75«	*
773	wie vor, mit der Einsatzzahl »50«	*
774	wie vor, mit der Einsatzzahl »25«	*

775	wie vor, ohne Einsatzzahl	210,–

Nahkampfspange

776	Nahkampfspange der Luftwaffe in Gold, 3. Stufe, für 50 Nahkampftage	*
777	wie vor, in Silber, 2. Stufe, für 30 Nahkampftage	*
778	wie vor, in Bronze, 3. Stufe, für 15 Nahkampftage	*

Panzerkampfabzeichen der Luftwaffe

Ausführung in Silber

779	Panzerkampfabzeichen mit der Einsatzzahl »100«	*
780	wie vor, mit der Einsatzzahl »75«	*
781	wie vor, mit der Einsatzzahl »50«	*
782	wie vor, mit der Einsatzzahl »25«	*
783	wie vor, ohne Einsatzzahl	2.090,–

Ausführung in Schwarz

784	Panzerkampfabzeichen mit der Einsatzzahl »100«	*
785	wie vor, mit der Einsatzzahl »75«	*
786	wie vor, mit der Einsatzzahl »50«	*
787	wie vor, mit der Einsatzzahl »25«	*
788	wie vor, ohne Einsatzzahl	2.530,–
789	Seekampfabzeichen der Luftwaffe	*

Tätigkeits- und Leistungsabzeichen der Luftwaffe

Flugzeugführerabzeichen

790   Flugzeugführer-Abzeichen, Prototyp

791   Ausführung 1936, Kranz vs, Adler mit
       Hakenkreuz altsilbern   530,–
792   Ausführung 1937, Kranz naturfarbig eloxiert,
       Adler mit Hakenkreuz silbern oxydiert   555,–

Beobachterabzeichen

793   Ausführung 1936, Kranz vs, Adler mit
       Hakenkreuz altsilbern oxydiert   745,–

794   Ausführung 1937, Kranz naturfarbig eloxiert,
       Adler mit Hakenkreuz altsilbern oxydiert   555,–

Gemeinsames Flugzeugführer- und Beobachterabzeichen

795 1. Modell 1935, patiniert   3.740,–
796 wie vor, in Gold mit Brillanten, 2. Modell,
    1. Ausgabe mit weißen Saphiren   50.000,–

Gemeinsames Flugzeugführer- und Beobachterabzeichen

797 wie vor, 2. Ausgabe, Kranz Sv, Adler mit
    Hakenkreuz S, Steine Simili   27.500,–
798 Ausführung als Brosche mit langer Quernadel,
    diese mit Brillanten, 1944   *
799 Ausführung 1936, Kranz vg, Adler und
    Hakenkreuz silbern   1.430,–

800 wie vor, Ausführung 1937, Kranz goldfarbig,
    Adler und Hakenkreuz alufarbig   1.430,–

Fliegerschützenabzeichen

801	mit Blitzbündel, 1935, Kranz vs, Adler und Blitzbündel altsilbern patiniert	545,–
802	wie vor, ohne Blitzbündel, 1942	750,–

803	wie vor, mit amtlich entferntem Blitzbündel der Nr. 801	530,–
804	wie vor, ohne Blitzbündel, mit schwarzem Kranz, 1944	1.330,–

Fallschirmschützen-Abzeichen

805	Ausführung 1936, Kranz altsilbern oxydiert, Adler und Hakenkreuz vg	480,–

806 wie vor, Ausführung 1937, Kranz altsilbern oxydiert,
Adler und Hakenkreuz goldfarbig eloxiert 505,–

807 wie vor, mit Brillanten *

Segelflugzeugführer-Abzeichen

808 Segelflugzeugführer-Abzeichen, 1. Form 2.700,–
809 1940, Kranz und Hakenkreuz hell vs,
Adler silbergrau patiniert 1.920,–

Flieger-Erinnerungsabzeichen

810   Ausführung 1936, Kranz und Hakenkreuz vs,
      Felsblock und Adler altsilbern oxydiert   2.310,–
811   wie vor, Ausführung 1937, Kranz und Haken-
      kreuz naturfarbig eloxiert, Felsblock und
      Adler altsilbern oxydiert   2.575,–

Heimat-Flakartillerie

812   Zivilabzeichen   485,–

Nicht tragbare Auszeichnungen der Luftwaffe

813   Ehrenpokal für besondere Leistungen im
      Luftkrieg 1940   4.100,–
814   Ehrenschale für hervorragende Kampfleistungen
      (im Erdkampf)   15.000,–

Medaillen

815   Medaille für ausgezeichnete Leistungen im
      technischen Dienst der Luftwaffe   660,–
816   Medaille für besondere Leistungen im
      Luftgau-Belgien-Nordfrankreich, 1944   605,–
817   Medaille für treue Dienstleistungen im Bereich
      des Feldluftgaukommandos Westfrankreich   605,–

Plaketten und Schilde

818   Plakette für besondere Leistungen im
      Südostraum, 1. Form: 925,–
      »General und Befehlshaber«
819   wie vor, 2. Form: »Oberbefehlshaber ...«   *
820   Ehrenplakette für hervorragende technische
      Leistungen im Süden, 1942   945,–

821	Schild für besondere Verdienste im Einsatz Kreta, 1. Form: Fallschirmjäger-Adler ohne Hakenkreuz, 1941	1.210,–
822	wie vor, 2. Form: Luftwaffenadler, Umriß der Insel	1.075,–
823	wie vor, 3. Form: Fallschirmjäger-Adler mit Hakenkreuz, braun patinierte Einlage	1.085,–
824	Ehrenplakette für besondere Leistungen im Kfz-technischen Dienst der Luftwaffe	1.000,–
825	Ehrenplakette der Luftflotte 1	*

Luftgaue

826	Luftgau II – Verdienstschild für hervorragende Verdienste	1.000,–
827	Luftgau VIII – Ehrenplakette für gute Leistungen	1.350,–
828	Luftgau XI – Eiserner Ehrenschild, 1940 drei verschiedene Größen	1.400,–
829	wie vor, Silberner Ehrenschild, 1942 zwei verschiedene Größen	1.385,–
830	wie vor, in Bronze, 1942	1.035,–
831	Luftgau XII – Ehrenplakette für besondere Leistung	1.100,–
832	Luftgau XII/XIII – Ehrenplakette für besondere Leistungen, 1942	1.420,–
833	Luftgau XVII – Plakette für hervorragende Verdienste, 1944	*
834	Feldluftgau XXX – Plakette für besondere Bewährung, 1944	1.215,–
835	Luftgaukommando Norwegen – Ehrenschild für besondere Leistung, geschwärzt	770,–
836	wie vor, altgolden	*

837	Luftgaustab Finnland – Ehrenplakette für besondere Bewährung, Jahreszahl»1942«	1.200,–
838	wie vor, Jahreszahl»1943«	870,–
839	Luftgau Kiew – Plakette für besondere Bewährung	1.320,–
840	Luftgau Charkow – Plakette für besondere Verdienste	1.220,–

Kampfabzeichen der Waffen-SS und Polizei

841	Bandenkampfabzeichen in Gold mit Brillanten, nicht verliehen	*
842	Bandenkampfabzeichen in Gold, 3. Stufe für 75 bzw. 100 Kampftage	3.135,–

843	wie vor, in Silber, 2. Stufe für 50 bzw. 75 Kampftage	1.980,–
844	wie vor, in Bronze, 1. Stufe für 20 bzw. 30 Kampftage	935,–

Auszeichnungen für Ausländer/Freiwilligen-Verbände

Tapferkeits- und Verdienstauszeichnungen für Angehörige der Ostvölker

Ausführung: Für Tapferkeit

845 1. Klasse in Gold mit Schwertern, Steckabzeichen   525,–

846 1. Klasse in Silber mit Schwertern, Steckabzeichen   375,–
847 2. Klasse in Gold mit Schwertern, am Band   220,–

848 2. Klasse in Silber mit Schwertern, am Band   150,–
849 2. Klasse in Bronze mit Schwertern, am Band   115,–

Ausführung: Für Verdienst

850	1. Klasse in Gold, Steckabzeichen	310,–
851	1. Klasse in Silber, Steckabzeichen	230,–
852	2. Klasse in Gold, am Band	180,–

853	2. Klasse in Silber, am Band	145,–
854	2. Klasse in Bronze, am Band	115,–

855	Erinnerungsmedaille für die spanischen Freiwilligen der Blauen Division, 1944	230,–
856	Deutsch-italienische Feldzugsmedaille Afrika, in Silber	150,–
857	wie vor, in Bronze	125,–

858   Deutsch-finnisches Nordfront-Kreuz 1941,
       schwarz emailliert, Schraubscheibe   275,–
858/1 wie vor, blau emailliert   275,–

Deutsche Demokratische Republik 1949–1990

Orden

859   Karl-Marx-Orden, 1953, Gold 900,
      mit Verleihungsnummer   10.000,–

860   wie vor, Gold 900, ohne Verleihungsnummer   5.000,–
861   wie vor, Gold 333   3.000,–
862   Ehrenspange zum Vaterländischen Verdienstorden,
      1965, Gold [siehe Seite 133]   7.500,–
863   wie vor, Buntmetall, vergoldet   550,–
864   Vaterländischer Verdienstorden,
      1954, Gold [siehe Seite 133]   4.000,–
865   wie vor, Buntmetall, vergoldet   900,–
866   wie vor, lösbare Verbindung   450,–
867   wie vor, Silber   650,–
868   wie vor, Buntmetall versilbert   250,–
869   wie vor, lösbare Verbindung   150,–
870   wie vor, Bronze   120,–
871   wie vor, lösbare Verbindung   100,–
872   Orden »Banner der Arbeit«, 1954, mit
      Verleihungsnummer, nur in einer Stufe   2.500,–

880

862

864

877

873	wie vor, ohne Verleihungsnummer	350,–
874	wie vor, Stufe I	120,–
875	wie vor, Stufe II	100,–
876	wie vor, Stufe III	85,–
877	Orden »Großer Stern der Völkerfreundschaft«, 1959, Dekoration mit Stern und Band, Gold [siehe Seite 133]	35.000,–
878	wie vor, Buntmetall, vergoldet	4.000,–
879	wie vor, Dekoration mit Kleinod am Band und Bruststern, Buntmetall, vergoldet [siehe Seite 135]	8.000,–
880	Stern der Völkerfreundschaft, Gold [siehe Seite 133]	10.000,–
881	wie vor, Buntmetall, vergoldet	1.200,–
882	wie vor, Silber	5.000,–
883	wie vor, Buntmetall, versilbert	1.000,–

884	Scharnhorst-Orden, 1966, Silber, vergoldet	8.000,–

879

885   wie vor, Buntmetall, vergoldet   2.500,–

886   Kampforden »Für Verdienste um Volk und
      Vaterland«, 1966, Silber, vergoldet   800,–
887   wie vor, Buntmetall, vergoldet   100,–
888   wie vor, Silber   600,–
889   wie vor, Buntmetall, versilbert   85,–
890   wie vor, Bronze   60,–

891   Blücher-Orden für Tapferkeit, 1968, Silber, vergoldet   4.000,–
892   wie vor, Buntmetall, vergoldet   2.500,–
893   wie vor, Silber   3.000,–
894   wie vor, Buntmetall, versilbert   2.000,–
895   wie vor, Bronze   1.800,–

896	Militärischer Verdienstorden, 1982, vergoldet	5.000,–
897	wie vor, versilbert	4.500,–
898	wie vor, Bronze	4.000,–

Preise

899	Nationalpreis der DDR, 1949, (Revers: Deutscher Nationalpreis im Goethejahr 1949), Gold	12.000,–
900	wie vor, mit Jahreszahl 1950, Gold	3.500,–
901	wie vor, mit Jahreszahl 1951 ... 61, Gold	3.000,–
902	wie vor, ohne Jahreszahl, Gold	2.500,–

903	wie vor, (Revers: Nationalpreis), Gold	2.000,–
904	wie vor, Buntmetall, vergoldet	1.000,
905	Heinrich-Greif-Preis, 1951, I. Klasse, Silber, Revers mit Angabe der Klasse	5.000,–
906	wie vor, Buntmetall versilbert	1.500,–

907	wie vor, II. Klasse, Silber	4.500,–
908	wie vor, Buntmetall, versilbert	1.300,–
909	wie vor, III. Klasse, Silber	4.000,–

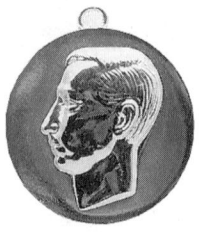 

| 910 | wie vor, Buntmetall, versilbert | 1.000,– |
| 911 | wie vor, ohne Angabe der Klassen, Buntmetall, versilbert oder vernickelt | 1.500,– |

912	Lessing-Preis, 1954, Silber	5.000,–
913	wie vor, Buntmetall, versilbert oder vernickelt	3.500,–
914	Preis für künstlerisches Volksschaffen, 1955, I. Klasse, Silber, Revers mit Inschrift und Jahreszahl (1956 – 70)	5.000,–
915	wie vor, ohne Jahreszahl	2.500,–

916 wie vor, Buntmetall, versilbert oder vernickelt   800,–
917 wie vor, II. Klasse, Bronze, Revers mit Inschrift
    und Jahreszahl (1956–70)   3.000,–
918 wie vor, ohne Jahreszahl   600,–
919 Heinrich-Heine-Preis, 1956, Silber   5.000,–

920 wie vor, Buntmetall, versilbert oder vernickelt   3.500,–
921 wie vor, Revers verändert   3.000,–

922 Ćišinski-Preis, 1956, I. Klasse, Silber, vergoldet   3.000,–
923 wie vor, Buntmetall, versilbert   2.500,–

924   wie vor, Avers und Revers verändert, Buntmetall,
       versilbert oder vermessingt   2.500,–
925   wie vor, II. Klasse, Silber   2.800,–
926   wie vor, Buntmetall, versilbert   2.200,–

927   wie vor, Avers und Revers verändert, Buntmetall,
       versilbert oder vernickelt   2.200,–
928   Johannes-R.-Becher-Preis, 1958, Silber, Revers mit
       Jahreszahl (1960–72)   5.000,–
929   wie vor, Buntmetall, versilbert, Revers mit
       Jahreszahl (1974, 1976)   5.000,–

930   wie vor, Buntmetall, versilbert oder vernickelt,
       ohne Jahreszahl   3.500,–
931   Kunstpreis der DDR, 1959, Silber   2.000,–

932	wie vor, Buntmetall, versilbert oder vernickelt	600,–
933	Rudolf-Virchow-Preis, 1960 (nicht tragbar mit Anstecknadel), Silber	2.000,–

934	wie vor, Buntmetall, versilbert oder vernickelt	1.000,–
935	GutsMuths-Preis, 1961 (nicht tragbar), I. Klasse, Silber	3.000,–
936	wie vor, Buntmetall, versilbert	1.000,–
937	wie vor, II. Klasse, Silber	2.800,–
938	wie vor, Buntmetall, versilbert	800,–
939	wie vor, III. Klasse, Silber	2.500,–

940	wie vor, Buntmetall, versilbert	700,–

941   wie vor, ohne Angabe der Klassen, Buntmetall,
      versilbert oder vernickelt   1.000,–

942   Friedrich-Engels-Preis, 1970, I. Klasse,
      Silber, vergoldet   2.000,–
943   wie vor, Buntmetall, vergoldet oder vermessingt   800,–
944   wie vor, II. Klasse, Silber   1.500,–
945   wie vor, Buntmetall, versilbert oder vernickelt   600,–
946   wie vor, III. Klasse, Bronze   550,–

947   Theodor-Körner-Preis, 1970, Silber   2.000,–
948   wie vor, Buntmetall, versilbert oder vernickelt   900,–

949 Architekturpreis der DDR, 1976 700,–

950 Designpreis der DDR, 1978 3.500,–

951 Jacob-und-Wilhelm-Grimm-Preis der DDR, 1979
(nicht tragbar), Meißner Porzellan 5.000,–

Ehrentitel

952   Verdienter Lehrer des Volkes, 1949, Silber, vergoldet,
       Revers mit Jahreszahl (1949–58)   1.500,–
953   wie vor, ohne Jahreszahl   1.000,–
954   wie vor, Buntmetall, vergoldet   600,–

955   wie vor, Revers verändert   600,–

956   Verdienter Arzt des Volkes, 1949, Bronze
       Revers mit Jahreszahl (1949–54), an Bandschleife   3.500,–

957 wie vor, Revers mit Jahreszahl (1955 ... 58),
    an Bandspange   3.500,–
958 wie vor, Silber, Avers und Revers verändert   2.000,–

959 wie vor, Buntmetall, versilbert   1.800,–

960 wie vor, Revers verändert, Buntmetall, versilbert
    oder vernickelt   1.500,–

961	Held der Arbeit, 1950, Silber,	
	Medaille am Band	35.000,–
962	wie vor, Medaille an Spange	20.000,–
963	wie vor, Stern, Silber, Revers mit Verleihungsjahr	
	und Verleihungsnummer	3.500,–
964	wie vor, ohne Verleihungsjahr	2.500,–

965	wie vor, ohne Verleihungsnummer	1.500,–
966	wie vor, Buntmetall, vergoldet	600,–

967 Verdienter Aktivist, 1950, Medaille mit Schraube
ohne Tragespange 2.000,–
968 wie vor, Medaille an Tragespange 400,–

969 wie vor, Avers verändert 150,–

970 wie vor, Revers verändert 80,–
971 Verdienter Erfinder, 1950, Medaille mit Schraube
ohne Tragespange 6.000,–

972	wie vor, Medaille an Tragespange	900,–
973	wie vor, Avers verändert	500,–
974	wie vor, Revers verändert	800,–
975	Verdienter Bergmann der DDR, 1950, Silber, Bandspange Revers mit Verleihungsjahr (1950–52)	2.500,–

976	wie vor, Metallspange, Revers mit Verleihungsjahr (1953–57)	1.500,–
977	wie vor, Revers ohne Verleihungsjahr	1.200,–
978	wie vor, Buntmetall, versilbert oder vernickelt	1.000,–
979	Meisterhauer, 1950, Bandspange, Avers mit Verleihungsjahr (1950 ... 52)	1.800,–
980	wie vor, Metallspange, Avers mit Verleihungsjahr (1953–57)	1.200,–

981   wie vor, Avers ohne Verleihungsjahr   800,–

982   Verdienter Eisenbahner, 1950, farbig emailliert   6.000,–

983   wie vor, runde Medaille, Buntmetall, vergoldet,
      Avers mit Verleihungsjahr (1951–65)   1.200,–

984   wie vor, Avers ohne Verleihungsjahr   600,–
985   Hervorragender Wissenschaftler des Volkes,
        1951, Gold   5.000,–

986   wie vor, Buntmetall, vergoldet   3.000,–

987   Verdienter Techniker des Volkes, 1951, Metallspange   950,–
988   wie vor, bronzefarben mit Stoffspange   600,–
989   wie vor, goldfarben   600,–

990 wie vor, Revers verändert   500,–

991 Meisterbauer, 1951, Revers mit Verleihungsjahr
(1951, 1954)   1.200,–

992 wie vor, ohne Verleihungsjahr   1.000,–

993 Verdienter Züchter, 1952, Revers mit Verleihungsjahr
(1952–60), emaillierte Tragespange   2.000,–

994 wie vor, ohne Jahreszahl   1.500,–

995 wie vor, mit Stoffspange   600,–

996   wie vor, Revers verändert   600,–
997   Verdienter Tierarzt, 1952, Revers mit Verleihungsjahr
       (1952 – 60)   2.000,–

998   wie vor, ohne Jahreszahl   1.500,–

999   Verdienter Meister, 1953   300,–
1000   Bester Meister, 1953, emailliertes Abzeichen,
        Bauindustrie   1.500,–
1001   wie vor, Baustoffindustrie   1.500,–

1002	wie vor, Berg- und Hüttenwesen	1.500,–
1003	wie vor, Eisenbahn	1.500,–
1004	wie vor, Kohle und Energie	1.500,–
1005	wie vor, Kraftverkehr und Straßenwesen	1.500,–
1006	wie vor, Land- und Forstwirtschaft	1.500,–
1007	wie vor, Lebensmittelindustrie	1.500,–

1008   wie vor, Leichtindustrie   1.500,–

1009   wie vor, Maschinenbau   1.500,–
1010   wie vor, Schwerindustrie   1.500,–

1011   Aktivist des Fünfjahrplanes, 1952, Stoffspange   50,–

1012   wie vor, Metallspange, Aluminium, bronziert   20,–
1013   wie vor, Aluminium, vergoldet   15,–

1014   wie vor, Miniaturnadel   150,–
1015   Hervorragender Genossenschaftler, 1954,
         Revers mit Verleihungsnummer   1.200,–

1016   wie vor, ohne Verleihungsnummer   250,–

1017 wie vor, Revers geändert 120,–

1018 Brigade der hervorragenden Leistung, 1954 750,–

1019 Verdienter Meister des Sports, 1954,
Silber, vergoldet 600,–
1020 wie vor, Buntmetall, vergoldet oder vermessingt 400,–

1021	Meister des Sports, 1954, Silber	600,–
1022	wie vor, Buntmetall, versilbert oder vernickelt	400,–

1023	Hervorragende Jugendbrigade der DDR, 1955, emailliertes Abzeichen	700,–
1024	wie vor, gestickte Form	750,–

1025	wie vor, Medaille mit Stoffspange	500,–
1026	wie vor, Avers verändert	100,–

1027   Brigade der sozialistischen Arbeit, 1959   250,–

1028   Gemeinschaft der sozialistischen Arbeit, 1960   250,–

1029   Meisterbauer der genossenschaftlichen Produktion,
       1960   150,–

1030   Hervorragender Jungaktivist, 1960, farbig
emailliert an Metallspange   750,–

1031   wie vor, Medaille an Stoffspange   100,–

1032   Aktivist des Siebenjahrplanes, 1960   15,–

1033   wie vor, Miniaturnadel   150,–

1034	Kollektiv der sozialistischen Arbeit, 1962, Metallspange (rot mit schwarzrotgold)	60,–
1035	wie vor, Spange mit Jahreszahl (1963 ... 66)	50,–
1036	wie vor, Spange mit Staatswappen	15,–
1037	wie vor, Spange für zweifache Verleihung	15,–

| 1038 | wie vor, Spange für dreifache Verleihung | 15,– |

| 1039 | wie vor, Spange für vierfache Verleihung | 15,– |

| 1040 | wie vor, Spange für fünffache Verleihung mit Jahreszahl 1971 – 1975 | 15,– |

1041   wie vor, Spange für fünffache Verleihung
        ohne Jahreszahl   5,–

1042   Hervorragendes Jugendkollektiv der DDR,
        1963, farbloser Schriftring   300,–
1043   wie vor, schwarzer Schriftring   80,–

1044   Verdienter Seemann, 1965   300,–

1045 Verdienter Volkspolizist der DDR 850,–

1046 Aktivist der sozialistischen Arbeit, 1969,
Metallspange (rot) 10,–
1047 wie vor, Spange mit Staatswappen 5,–
1048 wie vor, Spange für zweifache Verleihung 5,–

1049 wie vor, Miniaturnadel 80,–

1050   Verdienter Mitarbeiter der Staatssicherheit, 1969   2.500,–

1051   Verdienter Mitarbeiter der Zollverwaltung
        der DDR, 1972   850,–

1052   Verdienter Bauarbeiter der DDR, 1972   500,–

1053 Verdienter Militärflieger der DDR, 1974,
rechteckige Spange   3.000,–
1054 wie vor, pentagonale Spange   2.500,–

1055 Verdienter Metallurge der DDR, 1975   500,–

1056 Verdienter Werktätiger der Leicht-, Lebensmittel-
und Nahrungsgüterindustrie der DDR, 1975   250,–

| 1057 | Verdienter Metallarbeiter der DDR, 1975 | 500,– |
| 1058 | Verdienter Chemiearbeiter der DDR, 1975 | 250,– |

| 1059 | Verdienter Energiearbeiter der DDR, 1975 | 500,– |

| 1060 | Verdienter Werktätiger des Post- und Fernmeldewesens der DDR, 1975 | 2.000,– |

1061 Verdienter Mitarbeiter des Handels der
DDR, 1975   500,–

1062 Verdienter Werktätiger des Verkehrswesens
der DDR, 1975   500,–

1063 Verdienter Werktätiger des Bereiches der haus-
und kommunalwirtschaftlichen Dienstleistungen der DDR, 1975   250,–

| 1064 | Verdienter Hochschullehrer der DDR, 1975 | 1.000,– |

1065	Held der DDR, 1975. 1, Form ohne Brillanten	35.000,–
1066	wie vor, 2. Form mit Brillanten, Gold 900	35.000,–
1067	wie vor, Gold 333	25.000,–

| 1068 | wie vor, Silber vergoldet | 10.000,– |

1069   wie vor, Doppelspange für zweifache Verleihung   20.000,–

1070   Verdienter Angehöriger der Nationalen
        Volksarmee, 1975, 1. Form   5.000,–

1071   wie vor, 2. Form   1.200,–

1072   Verdienter Angehöriger der Grenztruppen
der DDR, 1975, 1. Form   6.000,–

1073   wie vor, 2. Form   1.500,–

1074   Verdienter Mitarbeiter im außenpolitischen Dienst
der DDR, 1979   1.800,–

| 1075 | Verdienter Tierarzt der DDR, 1976 | 1.500,– |
| 1076 | wie vor, Revers verändert | 1.500,– |

1077   Verdienter Genossenschaftsbauer der DDR, 1977   500,–

1078   Verdienter Werktätiger der Land- und
        Forstwirtschaft der DDR, 1977   500,–

1079   Verdienter Angehöriger der Zivilverteidigung
       der DDR, 1977   1.500,–

1080   Fliegerkosmonaut der DDR, 1978, 1. Form
       mit Flugdatum   30.000,–

1081   wie vor, ohne Flugdatum   25.000,–

1082   wie vor, 2. Form mit Flugdatum   30.000,–

1083   wie vor, ohne Flugdatum   25.000,–

1084   Verdienter Mitarbeiter der Planungsorgane
        der DDR, 1978   800,–

1085   Verdienter Mitarbeiter des Finanzwesens der
        DDR, 1978   800,–

1086   Verdienter Wasserwirtschaftler der DDR, 1979   800,–

1087   Verdienter Jurist der DDR, 1979   800,–

1088   Verdienter Volkskontrolleur der DDR, 1981   800,–

1089   Verdienter Mitarbeiter des Gesundheitswesens
         der DDR, 1985   700,–

Medaillen

1090   Ehrenzeichen der Deutschen Volkspolizei, 1949
       Abzeichen mit Inschrift in der Fahne   380,–

1091   wie vor, ohne Inschrift in der Fahne   500,–

1092   wie vor, mit Staatswappen in der Fahne   850,–

1093	wie vor, Medaille an pentagonaler Spange	150,–
1094	Medaille für Verdienste um das Grubenrettungs-wesen, 1951, Aluminium, bronziert	1.800,–
1095	wie vor, Buntmetall, bronzefarben	1.500,–

| 1096 | wie vor, Buntmetall, vergoldet | 1.500,– |

| 1097 | wie vor, Revers verändert | 1.500,– |
| 1098 | wie vor, nur silberfarbene Auflage für zweimalige Verleihung | 400,– |

1099   wie vor, nur goldfarbene Auflage für
       dreimalige Verleihung   450,–

1100   Medaille für vorbildlichen Grenzdienst, 1953,
       Revers mit Verleihungsnummer   350,–
1101   wie vor, ohne Verleihungsnummer   150,–

1102   wie vor, Avers und Revers verändert   100,–

1103   Medaille für ausgezeichnete Leistungen, 1951,
       Stoffspange   80,–

1104   wie vor, Metallspange, Aluminium bronziert,
       Avers mit Motiv des Fünfjahrplanes   20,–
1105   wie vor, Aluminium vergoldet   15,–

1106   wie vor, Miniaturnadel   150,–

1107   wie vor, Avers mit Motiv des Siebenjahrplanes   15,–

1108   wie vor, Miniaturnadel   150,–

1109   Medaille für ausgezeichnete Leistungen im Wett-
        bewerb, 1953, emailliertes Abzeichen, Außenhandel   500,–

1110   wie vor, Bauindustrie   450,–

1111   wie vor, Baustoffindustrie   450,–

1112   wie vor, Berg- und Hüttenwesen   450,–

1113   wie vor, Chemische Industrie   450,–

1114   wie vor, Deutsche Post   450,–
1115   wie vor, Eisenbahn, Motiv Flügelrad   1.500,–

1116   wie vor, Motiv Lokomotive   500,–

1117   wie vor, Kohle und Energie   450,–

1118   wie vor, Konsumgenossenschaft   450,–

1119   wie vor, Kraftverkehr und Straßenwesen   450,–

1120   wie vor, Kultur   450,–

1121   wie vor, Land- und Forstwirtschaft   450,–

1122   wie vor, Lebensmittelindustrie   450,–

1123   wie vor, Leichtindustrie   450,–

1124   wie vor, Maschinenbau   450,–

| 1125 | wie vor, Metallurgie | 2.000,– |
| 1126 | wie vor, Pharmazie | 1.500,– |

| 1127 | wie vor, Schiffahrt | 500,– |

| 1128 | wie vor, Schwerindustrie | 450, |
| 1129 | wie vor, Staatliche Geologische Komission | 2.000,– |

1130   wie vor, Staatlicher Einzelhandel   450,–

1131   wie vor, Staatlicher Großhandel   450,–

1132   wie vor, VEAB   450,–

1133   wie vor, Wasserwirtschaft   500,–

1134   wie vor, Medaille an Stoffspange,
       einheitliches Motiv   10,–

1135   Clara-Zetkin-Medaille, 1954, Silber   800,–

| 1136 | wie vor, Revers verändert | 700,– |
| 1137 | wie vor, Buntmetall versilbert | 500,– |

| 1138 | wie vor, Revers verändert | 300,– |

1139	Carl-Friedrich-Wilhelm-Wander-Medaille, 1954, Silber, vergoldet	6.000,–
1140	wie vor, Silber	2.500,–
1141	wie vor, Bronze	1.500,–

1142　Leistungsabzeichen der Deutschen Grenzpolizei,
　　　1954, oval, mit Verleihungsnummer　　　　　　600,–
1143　wie vor, ohne Verleihungsnummer　　　　　　　300,–

1144　wie vor, rund, neue Gestaltung　　　　　　　　50,–

1145　Leistungsabzeichen der Kasernierten Volks-
　　　polizei, 1954 mit Verleihungsnummer　　　　　600,–
1146　wie vor, ohne Verleihungsnummer　　　　　　　300,–

1147   Medaille für treue Dienste in der Kasernierten
        Volkspolizei, 1954, mit Verleihungsnummer   300,–
1148   wie vor, ohne Verleihungsnummer   150,–

1149   Rettungsmedaille, 1954, Silber, ovale Medaille
        am Stoffband   1.700,–
1150   wie vor, runde Medaille, rechteckige Spange   1.000,–

1151   wie vor, Buntmetall, versilbert   800,–

1152 Medaille für die Bekämpfung der Hochwasser-
katastrophe im Juli 1954   800,–

1153 Medaille »Für treue Dienste« in der Deutschen
Volkspolizei 1955, Stufe II   4.000,–
1154 wie vor, Stufe III   100,–

1155 Hans-Beimler-Medaille, 1956, Silber   2.000,–
1156 wie vor, Buntmetall, versilbert   1.200,–

1157	Verdienstmedaille der Nationalen Volksarmee,	
	1956, Silber, vergoldet, mit Verleihungsnummer	600,–
1158	wie vor, ohne Verleihungsnummer	200,–
1159	wie vor, Buntmetall, vergoldet oder vermessingt	70,–
1160	wie vor, Silber, mit Verleihungsnummer	300,–

1161	wie vor, ohne Verleihungsnummer	100,–
1162	wie vor, Buntmetall versilbert, oder vernickelt	50,–
1163	wie vor, bronzefarben mit Verleihungsnummer	100,–
1164	wie vor, ohne Verleihungsnummer	25,–

1165	Leistungsabzeichen der Nationalen Volksarmee,	
	1956, mit Verleihungsnummer, Fahne ohne	
	Staatswappen	1.200,–
1166	wie vor, Staatswappen nachträglich eingeschlagen	500,–
1167	wie vor, mit Staatswappen	30,–
1168	Medaille für treue Dienste in der Nationalen	
	Volksarmee, 1956, für 20 Dienstjahre, Silber,	
	vergoldet	280,–

1169	wie vor, Buntmetall, vergoldet oder vermessingt	40,–
1170	wie vor, für 15 Dienstjahre, Silber, vergoldet	100,–
1171	wie vor, Buntmetall, vergoldet oder vermessingt	30,–

1172	wie vor, für 10 Dienstjahre, Silber, Fahne ohne Staatswappen	1.200,–

1173	wie vor, Fahne mit Staatswappen	100,–
1174	wie vor, Buntmetall, versilbert oder vernickelt	25,–
1175	wie vor, für 5 Dienstjahre, bronzefarben, Fahne ohne Staatswappen, mit Verleihungsnummer	250,–
1176	wie vor, Fahne mit Staatswappen, ohne Verleihungsnummer	15,–
1177	Verdienstmedaille der Deutschen Reichsbahn, 1956, Stufe III, Metallspange	300,–

1178	wie vor, Stoffspange	100,–
1179	wie vor, Stufe II, Metallspange	200,–
1180	wie vor, Stoffspange	90,–
1181	wie vor, Stufe I, Metallspange	150,–
1182	wie vor, Stoffspange	80,–

1183	Medaille für treue Dienste bei der Deutschen Reichsbahn, 1956, Ehrenspange	100,–
1184	wie vor, für 50/30 Dienstjahre, runde Medaille an flacher Bandspange, vergoldet	80,–
1185	wie vor, gebogene Bandspange	60,–
1186	wie vor, Revers verändert, vergoldet oder vermessingt	30,–
1187	wie vor, für 40/20 Dienstjahre, flache Bandspange, versilbert	75,–
1188	wie vor, gebogene Bandspange	40,–
1189	wie vor, Revers verändert, versilbert oder vernickelt	25,–
1190	wie vor, für 25/10 Dienstjahre, flache Bandspange, bronzefarben	60,–

1191	wie vor, gebogene Bandspange	30,–
1192	wie vor, Revers verändert	20,–
1193	Pestalozzi-Medaille für treue Dienste, 1956, für 40/30 Dienstjahre, Buntmetall oder Eisen, vergoldet oder vermessingt	40,–

| 1194 | wie vor, für 25/20 Dienstjahre, versilbert oder vernickelt | 30,– |
| 1195 | wie vor, für 10 Dienstjahre, bronzefarben | 25,– |

| 1196 | Medaille für selbstlosen Einsatz bei der Bekämpfung von Katastrophen, 1957 | 150,– |

1197   wie vor, Avers und Revers verändert   80,–

1198   Medaille für Teilnahme an den bewaffneten
        Kämpfen der deutschen Arbeiterklasse in den
        Jahren 1918 – 1923, 1957   400,–

1199   Medaille für Kämpfer gegen den Faschismus
        1933 – 1945, 1958   250,–
1200   Hufeland-Medaille, 1958, nur in einer Stufe,
        versilbert   250,–

1201	wie vor, drei Stufen, vergoldet	200,–
1202	wie vor, versilbert	160,–
1203	wie vor, bronzefarben	140,–
1204	Medaille für treue Dienste in den bewaffneten Organen des Ministeriums des Innern, 1959, für 30 Dienstjahre	40,–
1205	wie vor, für 25 Dienstjahre	35,–
1206	wie vor, für 20 Dienstjahre	30,–

1207	wie vor, für 15 Dienstjahre, ohne Staatswappen	30,–

1208	wie vor, mit Staatswappen	25,–
1209	wie vor, für 10 Dienstjahre, ohne Staatswappen	25,–
1210	wie vor, mit Staatswappen	20,–
1211	wie vor, für 5 Dienstjahre, ohne Staatswappen	20,–
1212	wie vor, mit Staatswappen	15,–
1213	Medaille für treue Dienste in der Freiwilligen Feuerwehr, 1959, für 40 Dienstjahre	100,–

1214	wie vor, für 40/30 Dienstjahre	80,–
1215	wie vor, für 25/20 Dienstjahre	60,–
1216	wie vor, für 10 Dienstjahre	50,–
1217	Medaille für ausgezeichnete Leistungen in den landwirtschaftlichen Produktionsgenossenschaften, 1959	20,–

1218 Verdienstmedaille der DDR, 1959   40,–

1219 Medaille für ausgezeichnete Leistungen in den
      bewaffneten Organen des Ministeriums des Innern,
      1959, ohne Staatswappen   40,–

1220 wie vor, mit Staatswappen   30,–
1221 Dr.-Theodor-Neubauer-Medaille, 1959, vergoldet
      oder vermessingt   120,–

1222	wie vor, versilbert oder vernickelt	100,–
1223	wie vor, bronzefarben	80,–
1224	Treuedienstmedaille der Deutschen Post, 1960, Ehrenspange (zwei verschiedene Formen)	90,–
1225	wie vor, für 45 (Frauen) oder 50 (Männer) Dienstjahre, Aluminium, goldfarben	180,–
1226	wie vor, für 40 Dienstjahre, Aluminium, silberfarben	150,–
1227	wie vor, für 25 Dienstjahre, Aluminium, bronzefarben	100,–

1228	wie vor, für 40/30 Dienstjahre, Buntmetall oder Eisen, vergoldet oder vermessingt	80,–

1229	wie vor, Revers verändert, Buntmetall, vergoldet	200,–
1230	wie vor, für 25/20 Dienstjahre, Buntmetall	
	oder Eisen, versilbert oder vernickelt	60,–
1231	wie vor, Revers verändert, Buntmetall, versilbert	180,–
1232	wie vor, für 10 Dienstjahre, Buntmetall oder	
	Eisen, bronzefarben	40,–
1233	wie vor, Revers verändert, Buntmetall, bronzefarben	150,–
1234	Verdienstmedaille der Kampfgruppen der Arbeiter-	
	klasse, 1961, nur in einer Stufe, bronzefarben	120,–
1235	wie vor, drei Stufen, vergoldet oder vermessingt	60,–

1236	wie vor, versilbert oder vernickelt	40,–
1237	wie vor, bronzefarben	20,–
1238	Leistungsabzeichen der Grenztruppen der	
	DDR, 1962, (identisch mit Nr. 1144)	50,–

1239	wie vor, Miniaturnadel	180,–
1240	Medaille für treue Dienste in der zivilen Luftfahrt, 1962, Ehrenspange	200,–
1241	wie vor, für 10 Dienstjahre, versilbert	200,–
1242	wie vor, für 5 Dienstjahre, bronzefarben	180,–
1243	wie vor, für 30 Dienstjahre, vergoldet	250,–
1244	wie vor, für 20 Dienstjahre, vergoldet	200,–

1245	wie vor, für 15 Dienstjahre, vergoldet	180,–
1246	wie vor, für 10 Dienstjahre, versilbert	150,–
1247	wie vor, für 5 Dienstjahre, bronzefarben	120,–
1248	Verdienstmedaille der Seeverkehrswirtschaft, 1965, vergoldet	80,–

1249	wie vor, versilbert	60,–
1250	wie vor, bronzefarben	40,–
1251	Medaille für treue Dienste in der Seeverkehrs-wirtschaft, 1965, Ehrenspange	100,–
1252	wie vor, für 40/30 Dienstjahre, vergoldet	30,–

1253	wie vor, für 25/20 Dienstjahre, versilbert	20,–
1254	wie vor, für 15/10 Dienstjahre, bronzefarben	15,–

1255	Erinnerungsmedaille 20. Jahrestag – demokratische Bodenreform, 1965	60,–

1256   Medaille für Verdienste in der Rechtspflege, 1965,
       vergoldet   350,–
1257   wie vor, versilbert   250,–
1258   wie vor, bronzefarben   150,–

1259   Medaille für ausgezeichnete Leistungen in den
       Kampfgruppen der Arbeiterklasse, 1965   25,–
1260   Medaille für treue Dienste in den Kampfgruppen
       der Arbeiterklasse, 1965, für 25 Dienstjahre,
       vergoldet oder vermessingt   40,–
1261   wie vor, für 20 Dienstjahre, vergoldet oder
       vermessingt   30,–

1262 wie vor, für 15 Dienstjahre, versilbert oder vernickelt 20,–

1263 wie vor, für 10 Dienstjahre, bronzefarben 15,–

1264 Medaille der Waffenbrüderschaft, 1966, Buntmetall
oder Eisen, vergoldet oder vermessingt 180,–

1265 wie vor, versilbert oder vernickelt 150,–

1266 wie vor, bronzefarben 120,–

1267 Verdienstmedaille der Organe des Ministeriums des
Innern, 1966, vergoldet oder vermessingt 80,–

| 1268 | wie vor, versilbert oder vernickelt | 60,– |
| 1269 | wie vor, bronzefarben | 40,– |

1270	Verdienstmedaille der Zollverwaltung der DDR, 1967, vergoldet oder vermessingt	160,–
1271	wie vor, versilbert oder vernickelt	140,–
1272	wie vor, bronzefarben	120,–
1273	Medaille für treue Dienste in der Zollverwaltung der DDR, 1967 für 30 Dienstjahre, vergoldet oder vermessingt	100,–
1274	wie vor, für 25 Dienstjahre, vergoldet oder vermessingt	80,–
1275	wie vor, für 20 Dienstjahre, vergoldet oder vermessingt	60,–

| 1276 | wie vor, für 15 Dienstjahre, vergoldet oder vermessingt | 50,– |
| 1277 | wie vor, für 10 Dienstjahre, versilbert oder vernickelt | 40,– |

1278   wie vor, für 5 Dienstjahre, bronzefarben   30,–

1279   Medaille für Verdienste im Brandschutz, 1968   200,–
1280   Blücher-Medaille für Tapferkeit, 1968,
       Silber, vergoldet   2.500,–
1281   wie vor, Buntmetall, vergoldet   2.000,–

1282   wie vor, Silber   2.000,–
1283   wie vor, Buntmetall, versilbert   1.800,–
1284   wie vor, Bronze   1.500,–

1285   Medaille für hervorragende Leistungen in der
        Bewegung »Messen der Meister von Morgen«, 1969   40,–

1286   Ehrenzeichen für Körperkultur und Sport, 1969,
        Silber, vergoldet   950,–
1287   wie vor, Buntmetall, vergoldet   800,–

1288   Karl-Liebknecht-Medaille, 1970   15,–

1289   wie vor, Revers verändert   10,–
1290   Verdienstmedaille der Zivilverteidigung, 1970,
        vergoldet oder vermessingt   100,–

1291   wie vor, versilbert oder vernickelt   50,–
1292   wie vor, bronzefarben   30,–

1293   Verdienstmedaille der Deutschen Post, 1970,
        vergoldet oder vermessingt   500,–
1294   wie vor, versilbert oder vernickelt   350,–

1295   wie vor, bronzefarben   150,–

1296   Medaille »Vorbildliches Lehrlingskollektiv
       im sozialistischen Berufswettbewerb«, 1970   10,–

1297   Medaille »Für sehr gute Leistungen im
       sozialistischen Berufswettbewerb«, 1970   10,–

1298   Medaille für Verdienste in der Energiewirtschaft
       der DDR, 1971, vergoldet   200,–
1299   wie vor, versilbert   180,–
1300   wie vor, bronzefarben   160,–

1301 Medaille für Verdienste in der Kohleindustrie
 der DDR, 1972, vergoldet 200,–
1302 wie vor, versilbert 180,–
1303 wie vor, bronzefarben 160,–

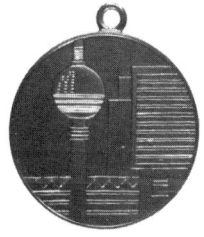

1304 Medaille für hervorragende Leistungen im
 Bauwesen der DDR, 1972, vergoldet 100,–
1305 wie vor, versilbert 80,–
1306 wie vor, bronzefarben 60,–

1307 Medaille für Verdienste in der Volkskontrolle
 der DDR, 1973, nur in einer Stufe, mit Metallspange 230,–

1308   wie vor, mit Stoffspange   200,–

1309   wie vor, Avers verändert   180,–
1310   wie vor, Stufe I   150,–
1311   wie vor, Stufe II   130,–
1312   wie vor, Stufe III   100,–

1313   Medaille für treue Dienste im Gesundheits- und
        Sozialwesen der DDR, 1973, vergoldet oder
        vermessingt   50,–
1314   wie vor, versilbert oder vernickelt   40,–
1315   wie vor, bronzefarben   30,–
1316   Medaille für langjährige Pflichterfüllung zur
        Stärkung der Landesverteidigung der DDR, 1974,
        für 35 (Frauen) oder 40 (Männer) Dienstjahre,
        vergoldet oder vermessingt   190,–

1317 wie vor, für 30 Dienstjahre, vergoldet oder
vermessingt 170,–
1318 wie vor, für 20 Dienstjahre, versilbert oder vernickelt 150,–
1318 a wie vor, für 10 Dienstjahre, bronzefarben 130,–

1319 wie vor, Revers verändert 300,–

1320 Medaille ausgezeichnetes Volkskunstkollektiv
der DDR, 1974 (nicht tragbar), Böttger-Steinzeug 100,–

1321   Medaille für Verdienste im künstlerischen Volks-
        schaffen der DDR, 1974   80,–

1322   Medaille für hervorragende Leistungen im Bergbau
        und in der Energiewirtschaft der DDR, 1975   250,–

1323   Medaille für hervorragende Leistungen in der
        Metallurgie der DDR, 1975   200,–

1324 Medaille für hervorragende Leistungen in der
chemischen Industrie der DDR, 1975   160,–

1325 Medaille für hervorragende Leistungen in der
metallverarbeitenden Industrie der DDR, 1975   200,–

1326 Medaille für hervorragende Leistungen in der
Leicht-, Lebensmittel- und Nahrungsgüterindustie
der DDR, 1975   120,–

1327   Medaille für hervorragende Leistungen im Verkehrs-
wesen der DDR, 1975   250,–

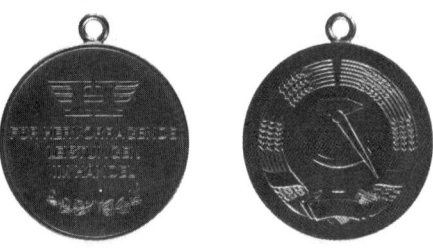

1328   Medaille für hervorragende Leistungen im Handel
der DDR, 1975   200,–

1329   Medaille für hervorragende Leistungen im Bereich
der haus- und kommunalwirtschaftlichen Dienst-
leistungen der DDR, 1975   120,–

1330   Medaille für hervorragende Leistungen in der
       Wasserwirtschaft der DDR, 1975   350,–

1331   Humboldt-Medaille, 1975, vergoldet   450,–
1332   wie vor, versilbert   350,–
1333   wie vor, bronzefarben   250,–

1334   Medaille für hervorragende Leistungen im
       außenpolitischen Dienst der DDR, 1979   650,–

1335   Medaille für hervorragende Leistungen in
        landwirtschaftlichen Produktionsgenossenschaften
        der DDR, 1977   250,–

1336   Medaille für hervorragende Leistungen in der Land-
        und Forstwirtschaft der DDR, 1977   250,–

1337   Medaille für treue Dienste in der Zivilverteidigung
        der DDR, 1977, für 20 Dienstjahre, vergoldet
        oder vermessingt   400,–

1338   wie vor, für 15 Dienstjahre, vergoldet oder
       vermessingt   350,–
1339   wie vor, für 10 Dienstjahre, versilbert oder
       vermessingt   500,–
1340   wie vor, für 5 Dienstjahre, bronzefarben   600,–

1341   Medaille für treue Pflichterfüllung in der Zivil-
       verteidigung der DDR, 1977, für 30 Dienstjahre,
       Buntmetall oder Eisen, vergoldet oder vermessingt   50,–
1342   wie vor, für 20 Dienstjahre, versilbert oder
       vernickelt   30,–
1343   wie vor, für 10 Dienstjahre, bronzefarben   20,–
1344   Verdienstmedaille der Grenztruppen der DDR,
       1977, vergoldet oder vermessingt   180,–
1345   wie vor, versilbert oder vernickelt   130,–

1346   wie vor, bronzefarben   100,–

1347   Medaille für treue Dienste in den Grenztruppen
        der DDR, 1977, für 20 Dienstjahre, Buntmetall
        oder Eisen, vergoldet oder vermessingt   100,–

1348   wie vor, für 15 Dienstjahre, vergoldet oder
        vermessingt   80,–
1349   wie vor, für 10 Dienstjahre, versilbert oder
        vernickelt   60,–
1350   wie vor, für 5 Dienstjahre, bronzefarben   50,–

1351   Medaille »30. Jahrestag der Gründung der DDR«,
        1978   25,–

1352 Medaille für hervorragende Leistungen in der
Volkswirtschaftsplanung der DDR, 1978, vergoldet 250,–
1353 wie vor, versilbert 180,–
1354 wie vor, bronzefarben 150,–

1355 Medaille für hervorragende Leistungen im Finanz-
wesen der DDR, 1978, vergoldet oder vermessingt 250,–

1356 wie vor, versilbert, durchbohrt ohne Öse 350,–
1357 wie vor, versilbert oder vernickelt, mit Öse 180,–
1358 wie vor, bronzefarben, durchbohrt ohne Öse 300,–
1359 wie vor, mit Öse 160,–

| 1360 | Kurt-Barthel-Medaille, 1979 | 400,– |
| 1361 | Helene-Weigel-Medaille, 1980 | 6.000,– |

1362   Militärische Verdienstmedaille der DDR, 1982   2.000,–

1363   Ehrenzeichen für hervorragende Leistungen im
        Brandschutz, 1983   120,–

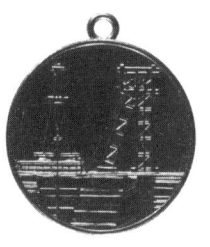 

1364 Medaille für hervorragende Leistungen in der
      Geologie der DDR, 1983   800,–
1365 Medaille für Verdienste am zentralen Jugend-
      objekt FDJ-Initiative Berlin, 1984, vergoldet
      oder vermessingt   120,–
1366 wie vor, versilbert oder vernickelt   80,–

1367 wie vor, bronzefarben   60,–
1368 Verdienstmedaille der Forstwirtschaft der DDR,
      1984, vergoldet   800,–
1369 wie vor, versilbert   650,–

1370	wie vor, bronzefarben	500,–
1371	Medaille für treue Dienste freiwilliger Helfer beim Schutz der Staatsgrenze der DDR, 1986, für 30 Dienstjahre, vermessingt	300,–
1372	wie vor, für 25 Dienstjahre, vermessingt	250,–
1373	wie vor, für 20 Dienstjahre, vernickelt	200,–

1374	wie vor, für 15 Dienstjahre, vernickelt	180,–
1375	wie vor, für 10 Dienstjahre, bronzefarben	160,–
1376	wie vor, für 5 Dienstjahre, bronzefarben	150,–
1377	Johannes-Dobberstein-Medaille für Verdienste im Veterinärwesen der DDR, 1987, vermessingt	1.000,–
1378	wie vor, vernickelt	800,–

1379 wie vor, bronzefarben   700,–

1380 Friedrich-Wolf-Medaille, 1988   800,–

1381 Ehrenmedaille zum 40. Jahrestag der DDR, 1988   50,–
1382 Dr.-Richard-Sorge-Medaille für Kampfverdienst
      1990 (kam nicht mehr zur Verleihung), vergoldet   3.500,–

1383   wie vor, versilbert   3.200,–
1384   wie vor, bronzefarben   3.000,–

Bundesrepublik
Deutschland
ab 1949

A.　Vor 1945 gestiftete Auszeichnungen, die lt. Ordensgesetz
von 1957 wieder zugelassen sind

Zivile Auszeichnungen

1385	Rettungsmedaille, 1933	60,–

Ehrenzeichen des Deutschen Roten Kreuzes, 1934, 1937

1386	Stern des Ehrenzeichens des DRK	195,–
1387	Ehrenzeichen I. Klasse (Halskreuz)	105,–
1388	Verdienstkreuz (Steckkreuz)	80,–
1389	Ehrenzeichen des DRK	55,–
1390	Damenkreuz des DRK	55,–
1391	Medaille des DRK	35,–

Deutsches Olympia – Ehrenzeichen, 1936

1392	Ehrenzeichen I. Klasse	180,–
1393	Ehrenzeichen II. Klasse	135,–
1394	Olympia-Erinnerungsmedaille	40,–

Treudienst – Ehrenzeichen u. Dienstauszeichnungen, 1938

1395	Sonderstufe für 50 Dienstjahre, 1944	65,–
1396	1. Stufe für 40 Dienstjahre	45,–
1397	2. Stufe für 25 Dienstjahre	45,–
1398	Sonderstufe für Angestellte und Arbeiter in der freien Wirtschaft für 50 Jahre	55,–
1399	**RAD-Dienstauszeichnung,** 1. Stufe	60,–
1400	dto., 2. Stufe	50,–

1401	dto., 3. Stufe	45,–
1402	dto., 4. Stufe	35,–
1403	Dienstauszeichnung für den RADwJ, 1. Stufe	60,–
1404	dto., 2. Stufe	50,–
1405	dto., 3. Stufe	45,–
1406	dto., 4. Stufe	35,–

Dienstauszeichnung der Polizei

1407	für 40 Dienstjahre, 1944	80,–
1408	dto., 1. Stufe	55,–
1409	dto., 2. Stufe	50,–

1410	dto., 3. Stufe	30,–

Feuerwehr – Ehrenzeichen, 1938

1411	1. Stufe	40,–
1412	2. Stufe	35,–
1413	2. Stufe mit Eichenlaub für 40 Dienstjahre, 1944	50,–

1414	**Grubenwehr – Ehrenzeichen, 1938**	40,–

Luftschutz – Ehrenzeichen, 1938

1415	1. Stufe	50,–

1416	2. Stufe	30,–
1417	Zollgrenzschutz – Ehrenzeichen, 1938	40,–

Militärische Auszeichnungen

Ehrenkreuz des Weltkrieges, 1934

1418	für Frontkämpfer	8,–
1419	für Kriegsteilnehmer	8,–
1420	für Hinterbliebene	8,–

Dienstauszeichnung der Wehrmacht, 1936

1421	für 40 Dienstjahre, 1939	60,–
1422	1. Klasse	50,–
1423	2. Klasse	40,–
1424	3. Klasse	30,–
1425	4. Klasse	20,–

Eisernes Kreuz, 1939

1426	Spange zum EK II des Weltkrieges	20,–
1427	II. Klasse	40,–
1428	Spange zum EK I des Weltkrieges	20,–
1429	I. Klasse	50,–
1430	Ritterkreuz	160,–
1431	Eichenlaub zum Ritterkreuz, 1940	60,–
1432	Eichenlaub mit Schwertern zum Ritterkreuz, 1941	70,–
1433	Eichenlaub mit Schwertern und Brillanten zum Ritterkreuz, 1941	*
1434	Goldenes Eichenlaub mit Schwertern und Brillanten zum Ritterkreuz, 1944	*

Kriegsverdienstkreuz, 1939

1435	Kriegsverdienstmedaille, 1940	10,–
1436	II. Klasse	20,–
1437	I. Klasse	40,–
1438	Ritterkreuz, 1940	180,–
1439	II. Klasse mit Schwertern	20,–
1440	I. Klasse mit Schwertern	40,–
1441	Ritterkreuz mit Schwertern	180,–

Deutsches Kreuz, 1941

| 1442 | in Gold | 170,– |
| 1443 | in Silber | 170,– |

Verwundetenabzeichen, 1939

1444	in Schwarz	15,–
1445	in Silber	20,–
1446	in Gold	25,–

1447   Medaille Winterschlacht im Osten, 1942   25,–

Kampf-, Leistungs- und Tätigkeitsabzeichen der Wehrmacht

Narvikschild, 1940

1448	für Heer und Luftwaffe	30,–
1449	für die Kriegsmarine	30,–
1450	Cholmschild, 1942	30,–

Tapferkeits- und Verdienstauszeichnung für Angehörige der Ostvölker, 1942

1451	2. Klasse für Tapferkeit in Bronze	40,–
1452	dto., in Silber	50,–
1453	dto., in Gold	55,–
1454	dto., 1. Klasse in Silber	60,–
1455	dto., in Gold	60,–
1456	2. Klasse für Verdienst in Bronze	40,–
1457	dto., in Silber	50,–
1458	dto., in Gold	55,–
1459	dto., 1. Klasse in Silber	60,–
1460	dto., in Gold	60,–
1461	Krimschild, 1942	30,–
1462	Ärmelband KRETA, 1942	35,–
1463	Ärmelband AFRIKA, 1942	35,–
1464	Demjanskschild, 1943	30,–
1465	Kubanschild, 1943	30,–

Bandenkampfabzeichen, 1944

1466	1. Stufe	30,–
1467	2. Stufe	35,–

1468	3. Stufe	40,–
1469	Ärmelband »Metz 1944«, 1944	75,–

Panzervernichtungsabzeichen, 1942

1470	auf silbernem Band	30,–
1471	auf goldenem Band	35,–

Tieffliegervernichtungsabzeichen, 1945

1472	in Schwarz	30,–
1473	in Gold	35,–

Kraftfahrbewährungsabzeichen, 1942

1474	in Bronze	20,–
1475	in Silber	25,–
1476	in Gold	30,–

Scharfschützenabzeichen, 1944

1477	1. Stufe	10,–
1478	2. Stufe	13,–
1479	3. Stufe	15,–

Kampf-, Leistungs- und Tätigkeitsabzeichen des Heeres

Infanterie – Sturmabzeichen

 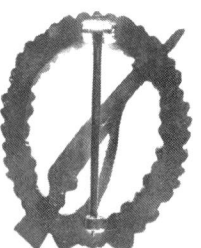

1480	Silber, 1939	40,–
1481	Bronze, 1940	40,–

Panzerkampfabzeichen

1482	**in Silber,** 1939	40,–
1483	dto., II. Stufe, 1943	47,–
1484	dto., III. Stufe	48,–
1485	dto., IV. Stufe	48,–
1486	dto., IV. Stufe mit Einsatzzahl 100	50,–
1487	**in Bronze,** 1940	40,–
1488	dto., II. Stufe, 1943	47,–
1489	dto., III. Stufe	48,–
1490	dto., IV. Stufe	48,–
1491	dto., IV. Stufe mit Einsatzzahl 100	50,–
1492	Panzerkampfabzeichen mit der Einsatzzahl 200	50,–

Sturmabzeichen (allg.), 1940

1493	Sturmabzeichen	40,–
1494	dto., II. Stufe, 1943	48,–
1495	dto., III. Stufe	52,–
1496	dto., IV. Stufe	53,–
1497	dto., IV. Stufe mit Einsatzzahl 100	55,–
1498	Heeres-Flak – Abzeichen	28,–

Nahkampfspange, 1942

1499	1. Stufe	43,–
1500	2. Stufe	45,–
1501	3. Stufe	46,–
1502	Ehrenblatt – Spange, 1944	33,–
1503	Ärmelband KURLAND, 1945	34,–
1504	Fallschirmschützen-Abzeichen des Heeres, 1937	43,–

Ballonbeobachter – Abzeichen, 1944

1505	Bronze	28,–
1506	Silber	30,–
1507	Gold	33,–

Kampf-, Tätigkeits- und Leistungsabzeichen der Kriegsmarine

1508   U-Boots-Kriegsabzeichen, 1939   45,–

1509   Zerstörer-Kriegsabzeichen, 1940   33,–
1510   Kriegsabzeichen für Minensuch-, U-Boots-Jagd-
        und Sicherungsverbände, 1940   33,–

1511   Kriegsabzeichen für Hilfskreuzer, 1941   33,–

| 1512 | Flotten-Kriegsabzeichen, 1941 | 33,– |
| 1513 | Schnellboot-Kriegsabzeichen, 1941 | 33,– |

1514   Kriegsabzeichen für die Marineartillerie, 1941   33,–

1515   Abzeichen für Blockadebrecher, 1941   33,–

U-Boots – Frontspange, 1944

1516	Bronze	33,–
1517	Silber	40,–
1518	Ehrentafel – Spange, 1944	33,–

1519	Marine – Frontspange, 1944	33,–

Kampf- und Bewährungsabzeichen der Kleinkampfmittel, 1944

1520	Kampfabzeichen, 1. Stufe	8,–
1521	dto., 2. Stufe	10,–
1522	dto., 3. Stufe	12,–
1523	dto., 4. Stufe	15,–
1524	dto., 5. Stufe – Kampfspange in Bronze	32,–
1525	dto., 6. Stufe – Kampfspange in Silber	34,–
1526	dto., 7. Stufe – Kampfspange in Gold	36,–
1527	Bewährungsabzeichen	10,–

Kampf-, Tätigkeits- und Leistungsabzeichen der Luftwaffe

Frontflug – Spange

für Jäger, 1941,

1528	in Bronze	33,–
1529	dto., in Silber	35,–
1530	dto., in Gold	40,–
1531	dto., in Gold mit Anhänger, 1942	49,–
1532	dto., in Gold mit Anhänger mit Einsatzzahl, 1944	51,–

für Nahnachtjäger, 1942,

1533	in Bronze	33,–
1534	dto., in Silber	35,–
1535	dto., in Gold	40,–
1536	dto., in Gold mit Anhänger	49,–
1537	dto., in Gold mit Anhänger mit Einsatzzahl	51,–

für Fernnachtjäger, 1942,

1538	in Bronze	33,–
1539	dto., in Silber	35,–
1540	dto., in Gold	40,–
1541	dto., in Gold mit Anhänger	49,–
1542	dto., in Gold mit Anhänger mit Einsatzzahl	51,–

für Kampf- und Sturzkampfflieger, 1941,

1543	in Bronze	33,–
1544	dto., in Silber	35,–
1545	dto., in Gold	40,–
1546	dto., in Gold mit Anhänger	49,–
1547	dto., in Gold mit Anhänger mit Einsatzzahl	51,–

für Aufklärer, 1941,

1548	in Bronze	33,–
1549	dto., in Silber	35,–
1550	dto., in Gold	40,–
1551	dto., in Gold mit Anhänger	49,–
1552	dto., in Gold mit Anhänger mit Einsatzzahl	51,–

für Transport- und Luftlandeflieger, 1941,

1553	in Bronze	33,–
1554	dto., in Silber	35,–
1555	dto., in Gold	40,–
1556	dto., in Gold mit Anhänger	49,–
1557	dto., in Gold mit Anhänger mit Einsatzzahl	51,–

für Schlachtflieger, 1944,

1558	in Bronze	33,–
1559	dto., in Silber	35,–
1560	dto., in Gold	40,–
1561	dto., in Gold mit Anhänger	49,–
1562	dto., in Gold mit Anhänger mit Einsatzzahl	51,–

für Zerstörer, 1942,

1563	in Bronze	33,–
1564	dto., in Silber	35,–
1565	dto., in Gold	40,–
1566	dto., in Gold mit Anhänger	49,–
1567	dto., in Gold mit Anhänger mit Einsatzzahl	51,–
1568	Kampfabzeichen der Flakartillerie (Flak – Kampfabzeichen), 1941	33,–

Erdkampfabzeichen der Luftwaffe

1569	Erdkampfabzeichen, 1942	33,–
1570	dto., II. Stufe, 1944	35,–
1571	dto., III. Stufe	40,–
1572	dto., IV. Stufe	45,
1573	dto., V. Stufe	50,–
1574	Ehrenblatt – Spange, 1944	33,–

Nahkampf-Spange der Luftwaffe, 1944

1575	1. Stufe	30,–
1576	2. Stufe	33,–
1577	3. Stufe	35,–

Panzerkampfabzeichen der Luftwaffe, 1944

1578	**in Silber**	33,–
1579	dto., II. Stufe	46,–
1580	dto., III. Stufe	48,–
1581	dto, IV. Stufe	51,–
1582	dto., V. Stufe	53,–
1583	**in Schwarz**	33,–
1584	dto., II. Stufe	46,–
1585	dto., III. Stufe	48,–
1586	dto, IV. Stufe	51,–
1587	dto., V. Stufe	53,–
1588	Seekampfabzeichen der Luftwaffe, 1944	33,–
1589	Flugzeugführerabzeichen, 1936	45,–
1590	Beobachterabzeichen, 1936	45,–
1591	Gemeinsames Flugzeugführer- und Beobachterabzeichen (Luftwaffendoppelabzeichen), 1936	46,–
1592	Fliegerschützenabzeichen für Bordmechaniker und Bordschützen, 1936	45,–
1593	Fliegerschützenabzeichen für Bordfunker, 1936	45,–
1594	Fliegerschützenabzeichen für Bordschützen ohne Bordschützenschein, 1944	33,–
1595	Segelflugzeugführerabzeichen, 1940	33,–
1596	Fallschirmschützenabzeichen der Luftwaffe, 1936	45,–
1597	Fliegererinnerungsabzeichen, 1936	33,–

B.   Vom Bundespräsidenten oder mit seiner Zustimmung
     gestiftete sowie von ihm als Ehrenzeichen anerkannte
     Orden und Ehrenzeichen

Verdienstorden der Bundesrepublik Deutschland, 1951

1598	Sonderstufe des Großkreuzes, Ausführung für Herren	1.500,–
1599	Stern zur Sonderstufe des Großkreuzes	830,–
1600	Sonderstufe des Großkreuzes, Ausführung für Damen	1.500,–

1601	Stern zur Sonderstufe des Großkreuzes	780,–
1602	Großkreuz in besonderer Ausführung, 1954	*

1603   Stern zum Großkreuz in besonderer Ausführung   *
1604   Großkreuz, Ausführung für Herren   880,–
1605   dto., Ausführung für Damen   1.500,–

1606   Stern zum Großkreuz   570,–
1607   Großes Verdienstkreuz mit (Stern und) Schulterband,
       Ausführung für Herren   300,–
1608   dto., Ausführung für Damen   300,–

1609   Stern zum Großen Verdienstkreuz mit Stern und
       Schulterband   500,–

1610 Großes Verdienstkreuz   90,–

1611 Stern zum Großen Verdienstkreuz   450,–

1612 Verdienstkreuz I. Klasse, Ausführung für Herren   60,–
1613 dto., Ausführung für Damen   50,–
1614 Verdienstkreuz am Bande, Ausführung für Herren   35,–

1615 dto., Ausführung für Damen   35,–

1616   Verdienstkreuz am Bande für Arbeitsjubilare,
        1952 – 1966   60,–

1617   Verdienstmedaille   30,–

Grubenwehr – Ehrenzeichen, 1953

1618　Gold　50,–

1619　Silber　40,–

Silbernes Lorbeerblatt, 1950

1620　Anstecknadel　50,–

1621　Brosche　50,–

1622　**Silbermedaille für den Behindertensport, 1978**　100,–

1623　**Pour le mérite für Wissenschaft und Künste, 1952**　*

Ehrenzeichen des Deutschen Roten Kreuzes, 1953

1624   Ehrenzeichen in Gold (früher 1. Klasse)   150,–

1625   Ehrenzeichen des DRK   85,–

Deutsches Feuerwehrehrenkreuz, 1953

1. Form, 1953 – 1974

1626   1. Klasse   80,–
1627   2. Klasse   60,–

2. Form, seit 1974

1628   1. Klasse   70,–
1629   2. Klasse   50,–

Medaille für Rettung aus Seenot der Deutschen Gesellschaft zur Rettung Schiffbrüchiger, 1955

1630	Medaille in Gold	*
1631	dto., in Silber	*

1632	dto., in Bronze	*

Ehrenzeichen der Bundesverkehrswacht, 1957 – 1968

1633	in Gold	120,–
1634	in Silber	100,–

Ehrenzeichen der Deutschen Verkehrswacht, 1968

1635	in Gold	90,–

1636	in Silber	70,–

Johanniterorden, 1959

1637	Kreuz des Herrenmeisters	*
1638	Kreuz der Ehrenmitglieder	*
1639	Kreuz der Kommendatoren	*
1640	Kreuz der Rechtsritter	*

1641	Kreuz der Ehrenritter	*

Goethe-Medaille, 1954

1. Form, 1954 – 1974

1642	Goethe-Medaille	300,–
1643	Goethe-Medaille in Gold	350,–

2. Form, seit 1974

1644	Goethe-Medaille	300,–

Ehrenzeichen des Technischen Hilfswerkes, 1975

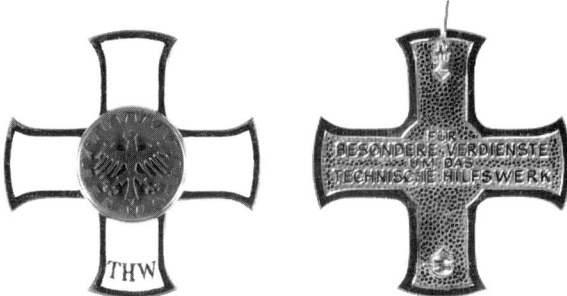

1645	in Gold	180,–
1646	in Silber	110,–

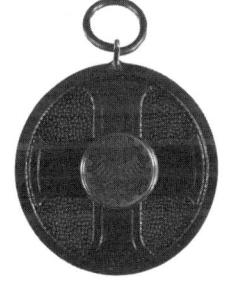

1647   in Bronze, 1990   60,–

Ehrenzeichen der Bundeswehr, 1980

1648	Ehrenkreuz in Gold	50,–
1649	Ehrenkreuz in Silber	40,–

1650	Ehrenkreuz in Bronze	30,–

1651	Ehrenmedaille	20,–

Deutsches Sportabzeichen, 1958

1652	in Gold mit Wiederholungszahlen	40,–
1653	dto., Ausführung für Damen	40,–
1654	in Gold	30,–
1655	dto., Ausführung für Damen	30,–
1656	in Silber	25,–
1657	dto., Ausführung für Damen	25,–
1658	in Bronze	15,–
1659	dto., Ausführung für Damen	15,–

Lehr- und Leistungsabzeichen der Wasserwacht und der DLRG, 1964 – 1976

1660	Lehrabzeichen der Wasserwacht des DRK	30,–
1661	Leistungsabzeichen der Wasserwacht des DRK	30,–

1662	Lehrabzeichen der DLRG	30,–
1663	Leistungsabzeichen der DLRG	30,–

Deutsches Rettungsschwimmabzeichen des DRK und der DLRG, 1976

1664	Rettungsschwimmabzeichen des DRK in Gold	30,–
1665	dto., mit Wiederholungszahlen	40,–
1666	dto., in Silber	30,–
1667	dto., mit Wiederholungszahlen	40,–

1668	Rettungsschwimmabzeichen der DLRG in Gold	30,–

1669	dto., mit Wiederholungszahlen	40,–
1670	dto., in Silber	30,–
1671	dto., mit Wiederholungszahlen	40,–

C.   Orden und Ehrenzeichen der Länder der Bundesrepublik
Deutschland

BADEN-WÜRTTEMBERG

Verdienstmedaille, 1974

1672	bis 1980 Gold 750	800,–
1673	seit 1980 Gold 333	500,–

1674	**Rettungsmedaille, 1953**	100,–

Ehrennadel des Landes Baden-Württemberg, 1983

1675	Anstecknadel für Herren	60,–

1676	Brosche für Damen	65,–

Feuerwehr – Ehrenzeichen, 1956

1677	in Silber	40,–
1678	in Gold	55,–

1679   Sonderstufe   70,–

**Ehrenmedaille des Ministerpräsidenten
für Arbeitsjubilare in der freien Wirtschaft, 1981**

1679/1 in Silber für 40 Dienstjahre   50,–
1679/2 in Gold für 50 Dienstjahre   70,–

1679/3 in Gold für 60 Dienstjahre   90,–

BAYERN

1680   **Verdienstorden, 1957**   700,–

1681   **Maximiliansorden für Wissenschaft und
Kunst, 1980**   2.500,–

Rettungsmedaille, 1952

1682   1. Form, 1952 – 1974   250,–

1683   2. Form, seit 1974   150,–

1684   **Belobigungsmedaille für Rettung aus Lebensgefahr
(Christophorus-Medaille), 1984**   150,–

1685	**Ehrenzeichen des Ministerpräsidenten**	350,–
	für Verdienste im Ehrenamt, 1994	
1686	entfällt	

Feuerwehr-Ehrenzeichen, 1953
1. Form, 1953 – 1955

1687	1. Klasse	60,–
1688	2. Klasse	50,–
1689	3. Klasse	35,–

2. Form, 1955 – 1971

1690	1. Klasse	50,–
1691	2. Klasse	40,–
1692	3. Klasse	25,–

3. Form, seit 1972

1693	1. Klasse (für 40 Dienstjahre) = Nr. 1690	50,–
1694	2. Klasse (für 25 Dienstjahre) = Nr. 1691	40,–

1695   Feuerwehr – Ehrenzeichen für besondere
       Verdienste, 1955 (Steckkreuz)   80,–

**Ehrenzeichen für Verdienste um das Bayerische
Rote Kreuz, 1957**
1. Form, 1957 – 1972

1696   in Gold für L Dienstjahre   70,–
1697   in Silber für XL Dienstjahre   50,–
1698   in Bronze für XXV Dienstjahre   35,–

2. Form, seit 1972

| 1699 | 1. Klasse für XL Dienstjahre | 50,– |
| 1700 | 2. Klasse für XXV Dienstjahre | 35,– |

1701 Steckkreuz für besondere Verdienste um das
BRK, 1957   80,–

BERLIN

1702   Verdienstorden, 1987   100,–

Rettungsmedaille, 1953
1703   1. Form 1953 – 1983   95,–

1704   2. Form, seit 1983   60,–

Feuerwehr- und Katastrophenschutz – Ehrenzeichen, 1978

1705	1. Stufe	45,–

1706	2. Stufe	60,–
1707	Sonderstufe	80,–

Ehrenzeichen für die Freiwillige Polizei – Reserve, 1988

| 1708 | 1. Stufe | 40,– |
| 1709 | 2. Stufe | 60,– |

| 1710 | Sonderstufe | 80,– |

BRANDENBURG

Nr. 1711 – 1713 = Reserve

Feuerwehr-Ehrenzeichen, 1994

1714	Silbernes Ehrenzeichen am Bande	40,–
1715	Goldenes Ehrenzeichen am Bande	60,–
1716	Sonderstufe / Steckkreuz	80,–

**Medaille für Treue Dienste
in der Freiwilligen Feuerwehr, 1994**

1717	für 10 Dienstjahre in Kupfer	15,–

1718	für 20 Dienstjahre in Bronze	20,–

1719	für 30 Dienstjahre in Silber	25,–
1720	für 40 Dienstjahre in Gold	30,–

BREMEN

Feuerwehr – Anerkennungszeichen
1721   für 25 Dienstjahre, 1951   40,–
1722   dto., für 40 Dienstjahre, 1955   70,–

HAMBURG

1723   **Rettungsmedaille, 1951**   180,–

1724   **Hamburgische Dankmedaille für Hilfeleistung
       während der Sturmflut, 1962**   35,–

HESSEN

Wilhelm Leuschner – Medaille 1964

1725	Ansteckabzeichen zur Wilhelm Leuschner-Medaille,	
	Anstecknadel für Herren	80,–
1726	Brosche für Damen	85,–

1727	**Verdienstorden, 1989**	*

Rettungsmedaille, 1953

1728	1. Form 1953 – 1988	80,–

1729	2. Form, 1988	60,–
1729/1	3. Form, seit 1988	*

Ehrenbrief des Landes Hessen, 1973
Ehrennadel zum Ehrenbrief, 1. Form
1973 – 1981

1730	Anstecknadel für Herren, achteckig	50,–
1731´	Brosche für Damen	50,–

2. Form seit 1981

| 1732 | Anstecknadel für Herren | 40,– |

| 1733 | Brosche für Damen | 40,– |

Sportplakette des Landes Hessen, 1970
Anstecknadel zur Sportplakette, 1. Form
1970 – 1977

| 1734 | Ausführung für Herren | 30,– |
| 1735 | Ausführung für Damen | 30,– |

2. Form seit 1978

| 1736 | Ausführung für Herren | 30,– |
| 1737 | Ausführung für Damen | 30,– |

Bernhard-Christoph-Faust-Medaille, 1976

| 1738 | 1. Form, 1976 – 1993 | * |
| 1738/1 | 2. Form, seit 1994 | * |

Brandschutzehrenzeichen, 1962

1739	Stufe I	30,–
1740	Stufe II	40,–
1741	Stufe III	50,–

| 1742 | Stufe IV | 60,– |

Feuerwehrleistungsabzeichen, 1974, 1980

| 1743 | 1. Stufe | 20,– |

1744	2. Stufe	30,–
1745	3. Stufe	40,–
1746	4. Stufe	55,–

Ehrenplakette für besondere Verdienste um die Landwirtschaft und Umwelt (Ministerium für Landwirtschaft und Umwelt), 1973

1747	Anstecknadel Stufe 1	30,–
1748	dto., Stufe 2	25,–
1749	dto., Stufe 3	20,–

Ehrenplakette für besondere Leistungen auf dem Gebiet der Landwirtschaft (wie oben)

1750	Anstecknadel Stufe 1	30,–
1751	dto., Stufe 2	25,–
1752	dto., Stufe 3	20,–

Ehrenplakette für besondere Verdienste um Landesentwicklung, Umwelt, Landwirtschaft und Forsten (Ministerium für Landesentwicklung, Umwelt, Landwirtschaft und Forsten), 1979

1753	Anstecknadel Stufe 1	30,–
1754	dto., Stufe 2	25,–
1755	dto., Stufe 3	20,–

Ehrenplakette für besondere Leistungen auf dem Gebiet der Landwirtschaft (wie oben)

1756	Anstecknadel Stufe 1	30,–
1757	dto., Stufe 2	25,–
1758	dto., Stufe 3	20,–

Ehrenplakette für besondere Verdienste um Landwirtschaft, Forsten und Naturschutz (Ministerium für Landwirtschaft, Forsten und Naturschutz), 1985

1759	Anstecknadel Stufe 1	30,–
1760	dto., Stufe 2	25,–
1761	dto., Stufe 3	20,–

Ehrenplakette für besondere Leistungen auf dem Gebiet der Landwirtschaft (wie oben)

1762	Anstecknadel Stufe 1	30,–
1763	dto., Stufe 2	25,–
1764	dto., Stufe 3	20,–

Ehrenplakette für besondere Verdienste um Landwirtschaft und Forsten (Ministerium für Landwirtschaft und Forsten), 1986

1765	Anstecknadel Stufe 1	30,–
1766	dto., Stufe 2	25,–
1767	dto., Stufe 3	20,–

Ehrenplakette für besondere Verdienste um Landwirtschaft, Forsten und Naturschutz (Ministerium für Landwirtschaft, Forsten und Naturschutz), 1988

1768	Anstecknadel Stufe 1	30,–
1769	dto., Stufe 2	25,–

1770	dto., Stufe 3	20,–
	(Die Nrn. 1759 bis 1770 sind gleich.)	

MECKLENBURG – VORPOMMERN
Nr. 1771 – 1775 = Reserve

1776	**Rettungsmedaille, 1992**	120,–

Brandschutz-Ehrenzeichen

1777	für 10 Jahre (Bandschnalle)	20,–
1778	dto., für 25 Jahre	40,–
1779	dto., für 40 Jahre	55,–
1780	Sonderstufe	65,–

NIEDERSACHSEN

Verdienstorden, 1961

1781	Großes Verdienstkreuz	100,–

1782	Verdienstkreuz (Steckkreuz)	60,–
1783	Verdienstkreuz am Bande	35,–

1784 **Rettungsmedaille, 1953**   60,–

**Ehrenzeichen für Verdienste im Feuerlösch-
wesen, 1954**

1785 Ehrenzeichen für 25jährige Dienste   25,–
1786 dto., für 40jährige Dienste   35,–

1787 dto., für 50jährige Dienste   50,–

1788   Sonderstufe des Ehrenzeichens   80,–

1789   **Gedenkmedaille aus Anlaß der Sturmflut-
katastrophe, 1962**   35,–

1790   **Gedenkmedaille aus Anlaß der Waldbrand-
katastrophe im August 1975, 1976**   35,–

NORDRHEIN-WESTFALEN

1791 **Verdienstorden, 1986**   110,–

Rettungsmedaille, 1951

1792 1. Form 1951 – 1970   80,–

1793   2. Form seit 1970   95,–

Feuerwehr – Ehrenzeichen, 1954

1794   1. Stufe   25,–
1795   2. Stufe   30,–

1796   Sonderstufe in Silber   45,–
1797   Sonderstufe in Gold   55,–

RHEINLAND-PFALZ

1798	**Verdienstorden, 1982**	95,–

Rettungsmedaille, 1951

1799	1. Form 1951 – 1971	80,–

1800	2. Form seit 1971	60,–

Ehrennadel des Landes Rheinland-Pfalz, 1974

1801	Anstecknadel für Herren	30,–

1802 Brosche für Damen   30,–

**Feuerwehr – Ehrennadel und Feuerwehr – Ehrenzeichen,
1950, 1956, 1985
Ehrennadel, 1950 – 1956**

1803 Silberne Ehrennadel   45,–

1804 Goldene Ehrennadel   65,–

Feuerwehr – Ehrenzeichen, 1956 – 1984

1805 1. Stufe   35,–

1806 2. Stufe   45,–

1807   3. Stufe   60,–

Feuerwehr – Ehrenzeichen, seit 1985

1808   Silbernes Ehrenzeichen für 25jährige Tätigkeit   25,–

1809   Goldenes Ehrenzeichen für 35jährige Tätigkeit   30,–

1810   Silbernes Ehrenzeichen am Bande   35,–

1811   Goldenes Ehrenzeichen am Bande   40,–
1812   Goldenes Ehrenzeichen, Steckkreuz   50,–

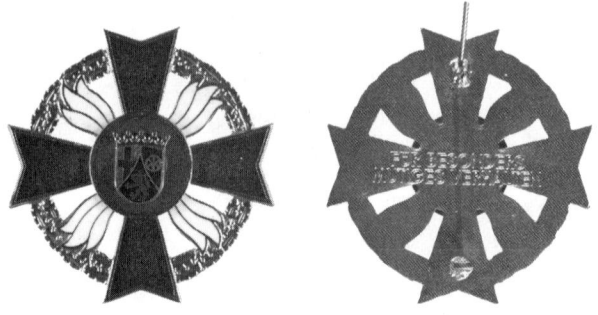

1813   Ehrenkreuz für besonders mutiges Verhalten   80,–

SAARLAND

1814   **Verdienstorden, 1974**   150,–

1815   **Rettungsmedaille, 1959**   60,–

Feuerwehr – Ehrenzeichen, 1959

1816   Stufe 1   25,–

1817   Stufe 2   35,–

1818   Sonderstufe   50,–

Feuerwehr – Leistungsabzeichen, 1975

1819   in Silber   40,–
1820   in Gold, 1982   55,–

SACHSEN
Nr. 1821 – 1824 = Reserve

Feuerwehr – Ehrenzeichen, 1992

1825	Ehrenzeichen am Bande, Stufe 1	25,–
1826	dto., Stufe 2	30,–

1827	Steckkreuz Stufe 1	40,–
1828	dto., Stufe 2	50,–

1829	Gedenkmedaille Waldbrandkatastrophe	
	Weißwasser 1992	35,–

SACHSEN-ANHALT
Nr. 1830 – 1834 = Reserve

Brandschutzehrenzeichen, 1992

1835	Silbernes Ehrenzeichen am Bande	25,–
1836	Goldenes Ehrenzeichen am Bande	30,–

1837	Goldenes Ehrenzeichen, Steckkreuz	45,–

SCHLESWIG-HOLSTEIN
Nr. 1838 – 1840 = Reserve

Rettungsmedaille, 1951

1841   1. Form 1951 – 1954   80,–

1842   2. Form seit 1954   60,–

Ehrennadel des Landes Schleswig-Holstein, 1982

1843   Anstecknadel für Herren   30,–

1844   Brosche für Damen   30,–

Schleswig-Holstein-Medaille, 1978
1845   Anstecknadel für Herren   35,–
1846   Brosche für Damen   35,–

Medaille für Arbeitsjubilare, 1967

1847   Silberne Medaille für 40jährige Tätigkeit   40,–
1848   Goldene Medaille für 50jährige Tätigkeit   50,–

Brandschutz – Ehrenzeichen, 1955

1849	1. Stufe	25,–
1850	2. Stufe	35,–
1851	Sonderstufe	50,–

1852   **Gildenkette, 1967** [siehe Seite 280]   1.000,–

1853   **Sturmflutmedaille, 1962**   35,–

THÜRINGEN
Nr. 1854 – 1857 = Reserve

Brandschutzehrenzeichen, 1992

1858	Bronzene Medaille	15,–
1859	Silbernes Ehrenzeichen am Bande	20,–
1860	wie vor, Goldenes Ehrenzeichen	25,–

1861	Silbernes Ehrenzeichen, Steckkreuz	30,–
1862	wie vor, Goldenes Ehrenzeichen	40,–

1852

Fachhändlerverzeichnis

München	HERMANN HISTORICA OHG – Spezialauktionshaus
Bad Driburg	Wilfried FREITAG Ankauf – Verkauf – Tausch
Hamburg	Helmut WEITZE Ankauf – Verkauf – Tausch
Bad Oldesloe	Hanseatisches Auktionshaus für Historica

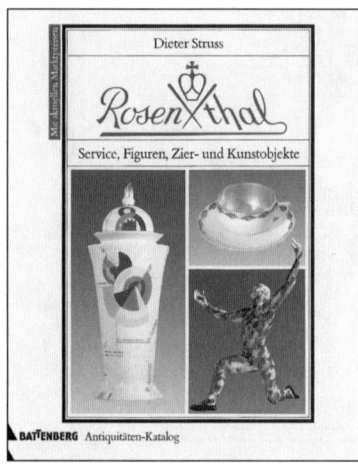